青春文庫

話す・読む・書く

１秒で語彙力

話題の達人倶楽部［編］

青春出版社

はじめに

「語彙力」の本というと、慣用句やことわざ、四字熟語などが多数載っている本と思う方が多いことでしょう。ところが、この本には、そうした成句はほとんど登場しません。

本書で取り上げたのは、名詞や動詞、形容詞など、一見、普通の言葉です。たとえば、「もったいない（お言葉、お話）」、「お世辞抜きで」、「家族ぐるみ」、「その節」、「お遣い物」といった語彙です。

と、言葉だけを並べると、ありきたりの語句を集めたようですが、じつは、これらの普通の言葉こそ、「大人の日本語」の肝といえます。あなたの会話やメール文の品をよくするかどうかも、大人らしい言葉づかいにできるかどうかも、その多くは名詞や動詞などの基本語の扱い方にかかっているからです。

たとえば、人から何か尋ねられたとき、「知りません」と答えるのは、いささかぶっきらぼうというもの。「知る」を「存じる」に言い換え、「存じません」と答えても、まだ冷たい印象を与えることがあります。

そんなとき、「不案内」や「不勉強」という名詞を心得ていれば、「あいにく不案内でして」や「不勉強で申し訳ありません」などと、相手を不快にさせることなく、応じることができるでしょう。

あるいは、とかく品性が現れやすい「お金」をめぐる言葉。懐具合が寂しいとき、「お金がなくて」というのは、相当に幼稚な物言いです。そういう場合には、「持ち合わせ」という名詞を選び、「あいにく〝持ち合わせ〟がなくて」くらいのフレーズは繰り出したいものです。

むろん、名詞や動詞の選び方が重要なのは、会話だけでなく、メール文などを書くときも同様です。基本となる言葉を十分に心得ていれば、短いメールに同じ言葉が何度も出てきたり、謝罪メールでかえって相手を怒らせるような事態は防げるはずです。

とにかく、言葉の選び方には、その人の能力や教養、人格が、はっきり現れます。

相手や場合に合わせて、「夜」は「夜分」、「嫌い」は「好みではない」、「もらい物」は「頂き物」、「失敗」は「不首尾」などと、瞬時に言い換えられてこそ、真に実践的に役立つ語彙力といえます。

つまるところ、人に好かれるかどうか、仕事ができるかどうか、そして人生を豊かに過ごせるかどうかは、かなりの部分、言葉づかいにかかっています。より愉快に豊かに暮らすため、本書で、「話し、読み、書くための本当の語彙力」をマスターしていただければ幸いに思います。

２０１９年12月

話題の達人倶楽部

第1章　自分の語彙に「大人語」を加えると、人間関係が広がります

第3章 日本語をアップグレードすると、仕事の成果が面白いほど変わります …… 135

2 「断る」「謝る」「言い訳する」なら、こんな言い方　196

DTP■フジマックオフィス

第1章

自分の語彙に「大人語」を加えると、人間関係が広がります

1　アタマに入れておきたい基本の「大人語」

■どういう「お話」かわかりますか

□望外のお話

望外のお話を頂戴し、ありがたく存じます

「望外」は、望んでもいなかったほど、すばらしいという意味。「今回、望外のお話を頂戴し、ありがたく存じています」のように、相手の話を受けるときに使えるし、「望外のお話ながら、今回は～」など断るときの前置きにも使えます。

□けっこうなお話

けっこうなお話と存じます

「けっこうなお話」は、よいお話という意味。前項と同様に、承諾するときにも断るときにも使える言葉です。承諾するときには「けっこうなお話と思います」、断るときには「けっこうなお話とは思いますが」のように用います。

□もったいないお話　**もったいないお話ですが**

これは、おもに断り用に使う言葉。「私のような者に、もったいないお話で、ありがたいとは思っているのですが」という意味なので、相手を不快にさせる確率を下げられるはず。

□過ぎたお話　**私には過ぎたお話です**

役職への就任などを断るときに使える言葉。「私どもには過ぎたお話です」のように使います。縁談を断るときには、「私には過ぎたご縁で」。

□ざっくばらんな話　**ざっくばらんな話、本音のところではどうなのですか**

「ざっくばらんな話」は、本音で話したいときに使う言葉。「ざっくばらんな話、実際のところはどうなのですか」などと、聞きにくい質問をするときの前置きに使えます。

■どういう「お金」かわかりますか

□先立つもの
あいにく、先立つものがなくて

この「先立つ」は「真っ先に必要」という意味で、「先立つもの」とは、要するにお金のこと。「残念ながら、先立つものがなく、計画は中断しています」のように使います。

□入り用
入り用になりまして

「入り用」は、必要なことを意味し、具体的には、お金が必要なこと。「急な入り用ができまして」は、借金の返済を迫るときの常套句。その意味は、「こちらも急にお金が必要になったので、貸した金を返してくれませんか」。

□持ち合わせ

あいにく持ち合わせがなくて

「所持金」も下品な言葉ではありませんが、「持ち合わせ」のほうが、より大人度は高くなります。「あいにく、持ち合わせがなくて」など。「有り金」も同様の意味の言葉ですが、品のない表現なので、「有り金残らず取られた」とき以外は使わないように。

□車代

些少ですが、お車代です

交通費のことを「足代」とも言いますが、品のいい言葉ではないので、自分の足代は「交通費」、人に交通費を渡すときは「お車代」と言い換えるのが適切。

□心付け

心付けを渡してください

心付けは「チップ」のことですが、チップというと、日本人には、欧米の習慣に従い、義務的に支払うもののように思えるもの。一方、「心付け」というと、相手の心づかいに対し、感謝の気持ちとともに渡すものというイメージになります。「運転手さんに、心付けを渡してくださいね」などと使います。

□**ポケットマネー**

部長がポケットマネーで払ってくれたようですよ

ご馳走になったときは、たとえば「部長が自腹を切ったようですよ」というよりも、「部長がポケットマネーで払ってくれたようですよ」と言い換えたほうが、品よく聞こえます。「身銭」もポケットマネーに言い換えたほうがいいでしょう。

■人間関係を円滑にする「大人語」①

□**よんどころない**

よんどころない事情がありまして

「よんどころない」は、「拠り所無し」が変化した言葉で、やむをえないという意味の形容詞。大人の会話では、何かを断るときに「よんどころない事情がありまして」のように、理由をぼかしたいときに使います。

□**満更《まんざら》でもない**

満更でもないようです

「満更」は、まったくダメなさま。それに否定語の「でもない」を付けると肯定語になり、「満更でもない」は、よくないわけではない、という意味になります。大人の会話では、「満更でもないはずです」、「満更悪い気はしていないようです」のように、言葉を婉曲化させるために使います。

□はっきりしない

はっきりしないお返事

「はっきりしない」は、否定語を避けるための形容詞。たとえば、「雨模様」は「はっきりしないお天気」、「意味のわからない返事」は「はっきりしないお返事」と表し、露骨な〝否定形〟を避けるのが、大人の婉曲話法です。

□差し出がましい

差し出がましいようですが

「差し出がましい」は、僭越と思われかねない行動や発言をする前に、エクスキューズ用に使う語。「まことに差し出がましいことですが」というように。

□感謝の言葉もない

まったくもって、感謝の言葉もありません

「言葉もない」といいながら、感謝の気持ちを伝える言葉。「日頃のご愛顧、感謝の言葉もありません」、「格別のご配慮を賜り、感謝の言葉もございません」のように使います。

□やまやま　したいのは、やまやまですが

「やまやま」は、「そうしたいのだが、実際にはできない」ことを表す副詞。「〜したいのはやまやま」という形で、相手の要望を断るときに使います。「お引受けしたいのは、やまやまなのですが」が定番の使い方で、こう前置きしたうえで、断る理由を説明すれば、反発を買うリスクは低まるでしょう。

□かねがね　かねがね伺っていました

「かねがね」は、「前から」の言い換えです。「お噂は前から聞いていました」というよりも、「お噂はかねがね伺っておりました」というほうが、大人度高く聞こえます。なお、「かねがね」は漢字では、「兼ね兼ね」のほか、「予予」とも書きます。

□くれぐれも

くれぐれも、お大事になさってください

「くれぐれも」は、念を入れるさまを表す副詞で、大人語では、いたわり、気遣いを表す言葉として使います。「くれぐれも、お体をおいたわりください」、「運転にはくれぐれもご注意ください」のように。あらたまったメールを締めくくるときには、「くれぐれもご自愛のほど」、「くれぐれも御身大切に」などと使えます。

□目がない

これには、目がないんです

「目がない」は、ひじょうに好きという意味の慣用句。人にご馳走になったときには、単に「おいしいです」というよりも、「これには、目がないんですよ」といったほうが、喜びや感謝の気持ちを強調して表せます。

■人間関係を円滑にする「大人語」②

□お見限り

これは、どうもお見限りで

「見限る」は、見切りをつけるという意味の動詞ですが、「お見限り」というと、お客がしばらくその店に姿を現さないという意味になります。たとえば、店主らがしばらく顔を見せなかったお客に対して、「これは、どうもお見限りで」というと、若干のユーモアと皮肉を込めた大人の挨拶になります。

□お世辞抜きで　お世辞抜きで、お上手ですね

「お世辞抜きで」といいながら、お世辞をいうための前置き。「お世辞抜きで最高です」、「お世辞抜きで、プロ顔負けの腕前ですね」のように使います。

□誰にでもある　誰にでもあることですから

相手のミスや失敗を許す大人の一言。「誰にでもあることですから、気になさらないでください」のように使います。

□もなんですから　立ち話もなんですから

「～もなんですから」は、そのままでは、人目についたり、通行の邪魔になるなど、差し障りがあるときに、相手を他の場所に誘導するための言葉。「立ち話もなん

ですから」、「こんなところでは、なんですから」のように用います。

□に免じて

この場は私に免じて

「〜に免じて」は、人の面目や功労に免じて、失敗を許すときに使う表現。「この場は私に免じて、おさめていただけませんか」、「○○さんに免じて、おまかせするんですよ」などと、「私」にも「相手」にも〝免じる〟ことができます。

□お暇《いとま》乞い

お暇乞いに参りました

「お暇乞い」は、引っ越しや転勤で、相手としばらく会えなくなるときに使う言葉。「このたび、転勤することになり、お暇乞いに伺いました」、「郷里に戻ることになり、お暇乞いに参りました」のように使うのが、大人の別れのあいさつです。

□家族ぐるみ

家族ぐるみのおつきあい

「家族ぐるみ」は、公私にわたる親密さを表す大人語。「○○さんとは、家族ぐるみのおつきあいをさせていただいています」など。「親戚づきあい」も同じように使える言葉で、「○○さんとは、親戚づきあいをさせていただいています」のように使います。

□笑い話　**今となっては、笑い話なのですが**

「笑い話」は、大人語としては、過去の苦労話や失敗談の前置きとして使う言葉。「今となっては、笑い話なのですが」、「今から思うと、笑い話もいいところなのですが」のように前置きします。

□これはこれは　**これはこれは、ご丁寧に**

「これはこれは」は、人の厚意に応じる大人語。汎用的に使え、挨拶にきた人には「これはこれは、ご丁寧に」、ちょっと手伝ってもらったときには「これはこれは、ご親切に」というように使います。

□それはそれは　**それはそれは、大変でしたね**

このフレーズは、前項の「これはこれは」と同様に使えるほか、相手の話に驚いて見せるときにも使えます。「それはそれは、大変でしたね」というように。

□**お引き合わせ**　　**お引き合わせ願えませんか**

「お引き合わせ」は、友人や知人を紹介する（される）ときに使う大人語。「一度、お引き合わせしようと思います」、「一度、お引き合わせ願えませんか」などと、紹介関係の前ふりに用います。

□**ご助言**　　**ご助言ありがとうございます**

「ご助言」は、アドバイスの大人っぽい言い換え。たとえば、人に意見されたとき、「ご助言ありがとうございます」と応じれば大人っぽくもあり、言い方によって有難迷惑というニュアンスを込めることもできます。「ご助言、肝に銘じます」、「ご助言、身に沁みました」も同様に使える言葉。

□**ご縁に**　　**これをご縁によろしくお願いします**

「ご縁に」は、「きっかけに」を大人っぽく言い換えた言葉。大人社会では、自己紹介の後に、「これをご縁によろしくお願いします」、「ご縁ができて、うれしく思います」などと使います。

□**お言伝《ことづ》て**　**お言伝てをお願いしたいのですが**

「お言伝て」は、伝言を頼むときに使う言葉。「お言伝てをお願いしたいのですが」のように。「伝言」という熟語を使うよりも、大和言葉のやわらかさによる効果で、上品かつ相手を立てているように聞こえます。

□**お使いだて**　**お使いだてして申し訳ありません**

「お使いだて」は、人に用事を頼むときに使う言葉。「お使いだてして申し訳ありませんが」などと用います。

□**珍しいところ**　**これは、珍しいところで**

「珍しいところ」は、知り合いとばったり出会ったときに使う言葉。街中などで偶然、相手を見かけたときには、「これはこれは、珍しいところで」のように声をかけます。

■相手の発言を上手に受けるには？

□何なりと　　何なりとお申しつけください

「何なりと」は、「何でも」を大人っぽく表現する言葉。「何なりとおっしゃってください」、「何なりとお好きなものをどうぞ」のように使います。

□それはさぞ　　それはさぞ、ご心配でしょう

「それはさぞ」は、相手に同調したり、同情したりするときに使う言葉。「それはさぞ、ご心配でしょう」、「それはさぞ、お困りでしたでしょう」、「それはさぞ、心をお痛めでしょう」のように。「それはさぞかし～」ともいいます。

□おかまいなく　　どうぞ、おかまいなく

「おかまいなく」は、相手の好意や申し出を断るときに使う言葉。「どうぞ、おか

まいなく。すぐに、失礼いたしますので」などと使います。

□精いっぱい　精いっぱい、がんばらせていただきます

「精いっぱい」は、大人語としては、仕事を引き受けるときに使う言葉。「精いっぱい、務めさせていただきます」、「精いっぱい、がんばらせていただきます」のように。

■格調高く謙遜するためのキーワード

□お言葉に甘える　それでは、お言葉に甘えさせていただきます

「お言葉に甘える」は、相手の親切や好意を受け入れるための大人語。たとえば、酒席の勘定を相手がもつというときには、「いえいえ、そんな」などと軽くやりとりしたあと、「それでは、まことにあいすみませんが、お言葉に甘えさせていただきます」と頭を下げて、引き下がるといいでしょう。

□かしこまる

はい、かしこまりました

人からの要望に「ええ、いいですよ」と応じるのは、大人の物言いとはいえません。えらそうに聞こえ、相手をムッとさせるおそれもあります。「はい、かしこまりました」や「はい、承りました」と応じるのが、日本の大人語。

□見知りおく

どうぞ、お見知りおきください

「どうぞ、お見知りおきください」は、初対面の人に対する定番の社交辞令。やや古風に聞こえる分、とりわけ目上や年配者に対して効果的な言葉です。自分の名前や肩書きを告げたあと、このひと言を添えると、謙虚さを表すことができます。

□あやかる

あやからせていただきたいものです

「あやからせていただきたい」は、「あなたのように、自分もなりたい」という意味のフレーズ。結婚披露宴などの祝いの席で使うと、自分の希望を述べる形で、相手を祝福できるフレーズです。

□**過分な**

過分なお志しを頂戴いたしまして

「過分な」は、自分には過ぎたという意味。大人語としては「過分なお志を頂戴いたしまして」、「過分なご配慮を賜りまして」、「過分なご配慮、身が縮む思いをしております」などと使い、謙虚な態度を表す言葉です。

■お礼を丁重にするためのキーワード

□**おかげさまで**

おかげさまで助かりました

「おかげさまで」は、手助けしてもらったときに使う言葉。荷物をちょっと持ってもらった程度のことをはじめ、いろいろなシチュエーションで使えます。より丁寧にいうと、「おかげさまをもちまして」。

□**ご親切に**

ご親切に、ご注意いただきましてありがとうございます

お客からクレームを受けたときには、感謝の言葉で応じるのが得策。「ご親切に、ご注意いただきまして、ありがとうございます」のように応じれば、相手の感情を逆撫ですることはないでしょう。

□痛み入ります

ご配慮、痛み入ります

「痛み入る」は、人の親切に対して、感謝とともに申し訳なく思う気持ちを表す言葉。「恐縮です」をより丁寧にした語感があり、ありがたくて心苦しく思う気持ちを表すことができます。さらに、目上に対しては「畏れ多いことです」という最上級の表現も使えます。

□お骨折り

いろいろとお骨折りいただきまして

「お骨折り」は「ご面倒」と同じ意味。謙譲を表す「いただく」をつけると、感謝の気持ちを表す謙譲表現になります。

□あればこそです

○○さんのご助言があればこそです

「あればこそ」は、何かで成功したときに、協力者を立てる言葉。「○○さん」には、助けてくれた人やアドバイスしてくれた人の名前を入れます。この言い方なら、過剰なお世辞にも、ごますりにもならず、言われたほうも心地よく聞けるはず。

□のかぎりです

感謝のかぎりです

「かぎり」は最上、極みのことで、たとえば「感謝のかぎりです」は、最大限の感謝の気持ちを表す言葉。「お救いくださり、感謝の限りです」などと使います。

□お引き立てにあずかる

お引き立てにあずかりまして

「〜にあずかる」は、深く感謝している雰囲気を醸し出す古風な謙譲語。文章では「いつも格別なお引き立てにあずかり、厚くお礼申し上げます」のように使います。

□ごひいきにあずかる

ごひいきにあずかりまして

これも、前項と同様、謙譲の意を含む動詞「あずかる」を用いるパターン。顧客に感謝の気持ちを伝える決まり文句です。

■ほめ言葉にうまく応じる日本語

□身に余るお言葉

私ごとき者には、身に余るお言葉です

人からほめられたとき、「そんなにほめてもらって恐縮です」と応じるのは、幼稚な物言い。「身に余るお言葉」という言葉で、謙遜と相手への尊敬の気持ちを表しましょう。「私ごとき者に、身に余るお言葉です」のように使います。

□身が縮む思い

身が縮む思いがしています

「身が縮む」は恐縮するさまで、「恐縮する」以上に、恐れ入る気持ちを丁重に表す言葉。ほめ言葉に対して、「望外のおほめにあずかり、身が縮む思いです」などと謙遜と感謝の気持ちを表します。

□もったいないお言葉

もったいないお言葉です

「もったいないお言葉」は、目上からのほめ言葉を受けるときの定番句。とりわけ、社会的地位の高い人からほめられたとき、この言葉で応じると、謙虚な姿勢を示しながら、相手を立てることができます。

■同意を表すにはコツがいる

□仰《おお》せのとおり　　仰せのとおりです

「仰せ」は、目上の言葉のことで、「仰せのとおりです」といえば、目上の言葉に対して、同意を表すことになります。「おっしゃるとおりです」と同じ意味ですが、「仰せ」と文語的な言葉を用いたほうが、より丁重に響きます。

□ごもっとも　　ごもっともです

「ごもっとも」も、「仰せのとおり」と同様、相手への同意を表す言葉。漢字では「ご尤も」と書き、本来は「道理にかなっていること」という意味の言葉です。「お腹立ちも、ごもっともです」、「お怒りも、ごもっともなことでございます」などと使います。

□無理のない　　○○も無理のないことです

「無理のない」は、大人語としては、相手の意見などが合理的であると認める言葉。たとえば、相手が怒っているときには、「お腹立ちも、無理のないことでございます」のように使います。「無理からぬ」も同様に使え、「お怒りも無理からぬことと思います」などと、頭を下げます。

「時間」をめぐる大人の表現

□昨日《さくじつ》　　昨日、ご連絡したとおり

あらたまった会話では、「きのう」を「昨日《さくじつ》」に言い換えたいもの。同じように、「あした」は「明日《あす》」、「おととい」は「一昨日《いっさくじつ》」、「あさって」は「明後日《みょうごにち》」、「明日の朝」は「明朝《みょうちょう》」、「明日の夜」は「明晩《みょうばん》」に言い換えます。ビジネスメールでも、これらの言葉を使うと、大人度が上がるだけでなく、字数が減る分、簡潔なメールになります。

□旧年中

旧年中はお世話になりました

「旧年中はお世話になりました」は、年賀メール（年賀状）の定番句。「去年」は「去る」につながる忌み言葉なので、新年早々から使わないのが、年賀状の常識です。

□いずれ

いずれ改めて伺います

副詞は、文語的な言葉のほうが格調高く聞こえる傾向があります。これはその一例で、「いつか改めて伺います」というより、「いずれ改めて伺います」というほうが大人度高く聞こえます。

□早晩、近々

早晩、お伺いすると思います

「そのうち」という言葉は、無責任にも響くので、「早晩」か「近々」に言い換えるのが、大人の物言い。「早晩、実現の予定です」、「近々、問題化するのではないかと」のように。「遅かれ早かれ」も、「早晩」や「近々」に言い換えることができます。なお、「近々」は、「ちかぢか」とも「きんきん」とも読みますが、近頃は「きんきん」と発音することが増えています。

□後ほど

後ほど、ご回答します

「あとで、ご回答します」は「あと」という日常語と「ご回答」という丁寧語がミスマッチ。「後《のち》ほど、ご回答します」と言い換えるとバランスのとれた日本語になります。あるいは「追って」を使って、「追って、ご回答します」と言ってもいいでしょう。

□このたび、今般

このたびの件では

重要イベントに関して話すときには、「こんど」よりも、「このたび」や「今般」のほうがよく似合います。たとえば、「こんどの株主総会では」は「このたびの株主総会では」、「こんどの総選挙では」は「今般の総選挙では」というように。

□今しがた

今しがたお見えになったところです

「今さっき」「ついさっき」や「たった今」は、「今しがた」に言い換えると、大人度が上がります。たとえば、「今さっき、帰られたところです」は、「今さっき」という軽い言葉と「帰られる」という敬語がマッチしていません。「今しがた、帰られたところです」というと、フレーズ全体がこなれた敬語になります。

□さしあたり

さしあたり必要なものは

「さしあたり」（差し当たり）は「当面」という意味で、「さしあたり、必要なものを揃えておきました」などと使います。「さしあたって」も同じように使える言葉。

□ほどなく

ほどなく、見えられると思います

「ほどなく」は、日常的に使われる「まもなく」よりも、格調高く聞こえる言葉。「ほどなく、実現するでしょう」、「ほどなく、現れることでしょう」のように使います。

□ひさかたぶり

ひさかたぶりにお会いしました

「ひさしぶりにお目にかかる」を「ひさかたぶりにお目にかかる」と言い換えると、

こなれた敬語になります。なお、「ひさしぶり」も「ひさかたぶり」も、悪いことが起きたときには使わない言葉で、「ひさしぶりの大事故」や「ひさかたぶりの赤字」などはＮＧ。

□折しも、折りから

折しも強風が吹き荒れる

「折しも」の「し」は強調の助詞で、「折しも強風が吹き荒れた」のように用います。「折から」や「折も折」も同じように使える言葉で、「折からの雨」「折も折、雨が降り始めた」のように、「ちょうどそのとき」という意味を強調します。

□時として

人は時として迷うものです

「ときたま」「ときどき」や「ときおり」は、「時として」に言い換えることができます。教訓や警句めいた言い回しには、「時として」がよく似合います。たとえば、「人は時として誤るものです」というと、「人はときどき誤るものです」というよりも、教訓めいて聞こえるもの。

□ひとしきり

ひとしきり話題になりました

「ひとしきり」(一頻り)は、しばらくの間、盛んに続くことを形容する言葉。「ひとしきり世間を騒がせる」、「ひとしきり、にわか雨が降る」、「蝉がひとしきり鳴く」などと使います。

□その節

その節はお世話になりました

「節」は多義的に使われる言葉で、時間に関しては、「頃」や「折」と同様の意味で使えます。「その節」は「以前」という意味で、大人同士の会話では、「その節は、たいへんお世話になりました」などと、知り合いと再会したときによく使われています。

□一別以来

ごぶさたしています、一別以来ですね

「お会いして以来」でも間違いではありませんが、それを大人語化すると「一別以来」になります。久しぶりに出会った人には、「ごぶさたしています。一別以来ですね」というのが、お約束の再会の挨拶。

2　たったひと言で、大人としての評価が決まる

■丁寧な言葉を、さらに品よく言い換える

□おいくら↓いかほど

いかほどでしょうか

物の値段を尋ねるときは、「おいくらですか」と聞くよりも、「いかほどですか」や「まとめて、いかほどでしょうか」のように尋ねたほうが、品よく聞こえるものです。

□お愛想↓お勘定

お勘定をお願いします

飲食店で会計を頼むときに使う「お愛想する」は、本来は店側の隠語であり、お

客が使う言葉ではありません。普通に「お勘定をお願いします」というほうがベター。

□いっそう↓ひとしお

「ひとしお」は「一入」と書いて、「一段と」という意味。「感慨もいっそうです」をより大人語化すると、「感慨もひとしおです」になります。

感慨もひとしおです

□知りません↓存じません

「知りません」は、あらたまった場では使えない言葉。「知る」の謙譲語の「存じる」を使い、「寡聞にして存じません」のように言うと、大人の物言いになります。

寡聞にして存じません

□お受け取り↓お納め

「お受け取りください」は、こなれた敬語とはいえない表現。「お納めください」という言い方を知っておきたいところ。「どうぞ、お納めください」のように使います。

どうぞ、お納めください

■よく使う言葉の〝大人度〟を上げる①

□どれほど→いかほど

お喜びはいかほどか、と

「どれほど、お喜びのことか」というよりも、「いかほど、お喜びのことか」といったほうが、大人度がアップします。あるいは「いかばかり、お喜びのことでしょう」と言い換えることもできます。

□たまに→まれに

近来、まれにみる

「たまに」（偶に）は、起こる回数がひじょうに少ないさま。語感が軽い言葉なので、「まれに」と言い換えたほうが大人度が高くなります。「近来、まれにみる好青年」のように。

□また→ならびに、および、かつ

ならびに、○○につきましても

文章を書くとき、並列の接続詞は、つねに「また」を使う人がいますが、同一文章の中で、同じ言葉が並ぶと、語彙力の乏しい下手な文章にみえるもの。「ならびに」「および」や「かつ」への言い換えを考えたいところです。

□必ずしも→あながち

あながち間違いではないと思いますよ

「あながち」は、打ち消しの言葉を伴い、「必ずしも〜というわけではない」という意味をつくります。「あながち間違いではない」のように。

□まさか→よもや

よもや失敗することはないと思いますが

「よもや」は、打ち消しの語を伴って、「まさか〜しまい」という意味をつくる言葉。「よもや負けることはあるまい」、「よもや裏切ることはあるまい」などと使います。これも文語的である分、「まさか」よりも大人度高く響きます。

□いまいち→今一つ

今一つ、得心できないのですが

「いまいち」は俗語的な言葉であり、少なくとも文章では「今一つ」を使いたいもの。「今一つ、納得できないのですが」のように。

□とにかく↓ともかく、ともあれ

成績はともあれ

これも、副詞は、文語的な言葉のほうが格調高く聞こえるパターン。「成績はとにかく〜」というよりも、「成績はともあれ〜」と言ったほうが大人度が高くなります。

□なにしろ↓何分にも

何分にも、昨日の今日のことですので

たとえば、「なにしろ、急なことでございまして」というのは、言葉の選び方がミスマッチ。「何分にも、急なことでございまして」と言い換えるとバランスがよくなります。「とにかく」や「なんといっても」も、「何分にも」に言い換えることができます。

□なんとか、どうにか↓かろうじて

かろうじて期日に間に合いました

「かろうじて」（辛うじて）は、「辛くして」が音変化した言葉で、意味は、やっとのことで。「なんとか間に合う」は「かろうじて間に合う」としたほうが、大人っぽく聞こえます。

□できるだけ↓できる限り

できる限りのことはいたします

たとえば、「できるだけのことはいたします」はミスマッチなうえ、無責任にも聞こえるフレーズ。「できる限りのことはいたします」というと、大人の言葉になります。ほかに、「できるだけ」は、「精一杯」や「力の限り」にも言い換えることができます。

□がてら↓かたがた

ご挨拶かたがた、お伺いいたします

「がてら」は、名詞などにつく接続助詞ですが、上品な言葉とはいえません。「お見舞いがてら、お訪ねいたします」は、「お見舞いかたがた、お訪ねいたします」と言い換えたほうが品がよくなります。

□なまじっか↓なまじ

なまじ、才能に恵まれているばかりに

「なまじっか」は、「なまじ」の口語的かつ俗語的な表現。「なまじ」のほうが、まだしも品がある言い方です。「なまじ、自信があるばかりに」のように使います。

□何ぼ何でも↓余りといえば余り

余りといえば余りなお話

「何ぼ」（なんぼ）は、「何ほど」の転とみられる言葉。このような音変化した言葉は軽く聞こえるので、「余りといえば余り」や「ほどがある」に言い換えるといいでしょう。

□何やかやと↓何くれとなく

何くれとなく面倒をみておられる

「何やかやと」や「あれこれと」は、「何くれとなく」と言い換えることができます。「何くれとなく面倒をみる」などと使います。

□あっという間に↓瞬く間に

瞬く間に消えてしまう

「あっという間に」は、「あっ」と驚く間にという意味。俗語的であり、「瞬く間に」（目ばたきする間にという意）と言い換えたほうが、格調が高くなります。

□やたら↓むやみに

私の立場では、むやみなことは言えません

「やたら」も俗語的であり、「むやみに」に言い換えたほうが、大人度がアップします。たとえば、「やたらなことは言えない」は、「むやみなことは言えない」に言い換えるといいでしょう。

□ちょっぴり、ちょっと、↓少々、いささか

いささか幼稚な表現かと

「ちょっぴり」は、少ないさまを表す副詞ですが、幼稚かつ俗語的。大人同士の会話では、「ちょっと」や「ちょいと」とともに、「少々」や「いささか」に言い換えるのがベター。

■よく使う言葉の〝大人度〟を上げる②

□とか↓やら、や

○○やら△△

「とか」は「○○とか△△」のように、並列を表す助詞。もともと、幼稚な語感があるうえ、若者言葉として並列を示さない場合にも使われるようになって、い

よいよ幼稚さが増しています。「やら」や「や」を使うほうが、大人度は高まります。

□せいで↓おかげで

○○さんのおかげで

「～のせいで」は、「台風のせいで」など、ネガティブな因果関係を表す言葉。「○○さんのせいで助かりました」というような使い方をすると、違和感を与えることになってしまいます。「○○さんのおかげで」のように、「おかげで」を使ったほうが、人間関係が円滑になるはずです。

□もちろん↓もとより

○○はもとより

「もとより」は、「もちろん」や「いうまでもなく」の言い換えに使える言葉。漢字では「元より」や「素より」と書き、本来は「初めから」という意味。

□まるで↓あたかも

あたかも昨日のことのようです

「あたかも」は「～のようだ」などを伴い、よく似ているさまを表す言葉。「あたかも昨日のことのようです」のように使います。文語的である分、「まるで」や「ちょうど」よりも、言葉の格調が高くなります。

□これっぽっち↓こればかり

こればかりのお金

「ぽっち」は、少量であるという意味をつくる接尾語。俗語的かつ幼稚なので、「これきり」や「こればかり」に言い換えるといいでしょう。また、「ぽっち」が数字につく場合には、「程度」に言い換えることができます。「100円ぽっち」は「100円程度」というように。

□やっぱり↓やはり、結局のところ

やはり○○のようですね

スポーツ選手がインタビューで「やっぱり」を連発するのを耳にすると、語彙力の乏しさを感じるもの。「やっぱり」は「やはり」が音変化した言葉であり、「やはり」のほうが大人度の高い言葉です。また、「結局のところ」とも言い換えられます。

■〝その日〟をめぐるちょっとした言い方

□朝晩↓朝夕

朝夕のおつとめ

「朝晩」よりも、「朝夕」といったほうが、格調高く聞こえます。そこで、「朝晩の食事」のような日常的な言葉には「朝晩」を使い、「朝夕のおつとめ」などは「朝夕」を使うとしっくりきます。

□朝っぱら↓朝のうち

朝のうちからご精が出ますね

「朝っぱら」は漢字では「朝腹」と書き、「朝食前の空腹」から、「早朝」を意味するようになった言葉。今では、くだけた俗語という印象があるので、「朝のうち」や「朝方」に言い換えると、目上に対しても使える言葉になります。

□天気↓日和、雲行き

いい日和ですね

天気関係の言葉には、美しい大和言葉が多い分、言い換えを心得ておくと、語彙が豊富にみえるもの。最も基本的な言葉の「天気」は、「日和」や「雲行き」に言い換えられます。「いい日和ですね」、「雲行きがいささか怪しいですね」のように。

□日没→日の入り

日の入りが早くなりましたね

「日没が早くなりましたねぇ」というよりも、「日の入りが早くなりましたねぇ」というほうが、大人の日本語として、こなれて聞こえます。

□雨→お湿《しめ》り

久しぶりのいいお湿りですね

「お湿り」は、単なる雨ではなく、晴天が続くなか、多くの人が待っていた雨という意味の言葉。雨の言い換えに使いたいきれいな大和言葉ですが、毎日、雨が降るような時季には使えません。

□水撒《ま》き→打ち水

庭に打ち水でもしましょうか

「打ち水」は、「水撒き」を品よく言い換えた言葉。とりわけ、涼をとるために庭に水を撒くときには、「打ち水」と表現したいものです。

■初対面で仲良くなるための言葉

□住所→お住まい　お住まいはどちらですか？

相手に住所をたずねるときは、「ご住所」を使うよりも、「お住まいはどちらですか」、あるいは「どちらにお住まいですか」とたずねたほうが、こなれた敬語になります。

□出身地→お国　お国はどちらですか

「お国はどちらですか」は、相手の出身地をたずねるときの定番句。「お生まれはどちらですか」という聞き方もありますが、生まれた場所と育った場所が違う人もいるので、話が面倒になることも。「お国はどちらですか」とたずねたほうが、雑談をスムーズに進められるでしょう。

第2章

いい関係はいい会話からはじまります

1　大人の人間関係に欠かせない言葉

■どういう「贈り物」ですか

□心ばかり　　心ばかりのものですが

「心ばかり」は、人の家を訪ね、手土産を渡すときに使う言葉。「心ばかりのもので」と言いながら、菓子折りなどを差し出すのが、大人の〝訪問〟の第一歩です。

□お口に合う　　お口に合いますかどうか

「お口に合いますかどうか」は、持参した菓子折りなどを差し出すときに添えるフレーズ。いい大人が「おいしいかどうか、わかりませんが」などと口にしないように。

□土地の名産

私どもの土地の名産でして

「土地の名産」は、手土産を持参したときに、「特別なものを持ってきたこと」を控えめにアピールできる言葉。「土地の名産でして、地元では評判がいいのですが」などと使います。

□形ばかり

形ばかりではございますが

「形ばかり」は、手土産を含め、贈り物を渡すときに使う言葉。以前は「つまらないものですが」がよく使われましたが、今では卑下しすぎという感があるので、この言葉を使うといいでしょう。「形ばかりではございますが、お納めください」のように。

□お遣《つか》い物

お遣い物にいかがですか

人に贈るものは、「お遣い物」か「ご進物」というのが大人。「お遣い物にいかがですか」などと使い、「贈り物」というよりも、大人っぽく聞こえます。なお、

「付け届け」も人に贈るもののことですが、今は「賄賂」というニュアンスを含むので、安易に使わないほうがいいでしょう。

□お気に召す

お気に召していただけたらうれしいのですが

「お気に召す」は「気に入る」の尊敬語。人に置物、衣服、装飾品などを贈るときには、この言葉を使うと、しっくりきます。

□〜のしるし

お祝いのしるしとして

「〜のしるし」は、その品を贈る理由を明らかにする言葉。「ご挨拶のしるしとして」、「お祝いのしるしとして」、「お近づきのしるしとして」、「感謝のしるしとして」のように、贈る理由を告げると、相手は「せっかくのご厚意ですので」と受け取りやすくなります。

□ほんの

ほんのお礼の気持ちです

「ほんの」は、相手の手伝いなどに対して、感謝を込め、金品を渡すときに使える言葉。「ほんのお礼の気持ちです」というように。「ほんの」という軽みのある表現で、相手の負担感を軽くできます。

■ものをいただいた時に使いたい言葉

□お持たせ　お持たせで申し訳ありませんが

自分が持参したみやげは「手土産」、お客が持ってきてくれたみやげは「お持たせ」というのが大人の物言い。お客の手土産をさっそく出す場合には、「お持たせで申し訳ありませんが、おいしそうなので」などと一言断るのが、大人の礼儀です。

□結構なもの　結構なものを頂戴いたしまして

「結構なもの」は、申し分のないもの、よいものという意味で、おもに人からものをもらったときに使う言葉です。「いいものをもらいまして」というのはあまりにも幼稚。「いい」を「結構」に換え、謙譲語の「いただく」を使い、「結構なものをいただきまして、まことにありがたく存じます」のように用います。

□頂きもの、到来もの

頂き物で恐縮ですが

「頂く」は謙譲語なので、「頂きもの」も謙譲のニュアンスを含みます。古風ではありますが、「到来《とうらい》もの」や「頂戴《ちょうだい》もの」という言い方もあります。

□貴重なお品

貴重なお品を頂戴いたしまして

「めずらしいもの」というと、珍奇なもの→変わったもの→趣味の悪いものというニュアンスを含むことがあります。そこで、相手からプレゼントされたときには、「貴重なもの」や「貴重なお品」を使い、「貴重なお品を頂戴いたしまして、ありがとうございます」などと礼をいうのが無難でしょう。

□重宝する

まことに重宝しております

前に人からもらった物について話すときに、心得ておきたい言葉。「便利に使わせていただいています」は、大人語として、ややこなれていないフレーズ。「重宝する」を使うと、こなれた社交辞令に仕上がります。

■訪ねてきてくれた人を「もてなす」には？

□遠いところ
遠いところをおいでいただきまして

お客を快くもてなせるかどうかは、その日の第一声にかかっています。まずは、足を運んでくれた人に対して、その〝労〟をねぎらうのが大人の物言いです。とりわけ、お客が遠方から足を運んでくれたときには、この「遠いところ」という言葉で出迎えたいもの。「遠いところから、足をお運びいただき、恐縮です」というように使います。

□お暑いなか
お暑いなか、申し訳ありません

また、お客を出迎えるときには、季節や天候にふさわしい言葉でも、ねぎらいの気持ちを表したいもの。夏は「お暑いなか」、冬は「お寒いなか」、雨天は「お足《あし》下《もと》の悪いなか」を使います。雨の日は「お足下《あしもと》の悪いなか、おでましいただき、申し訳ありません」のように。

□狭いところ

狭いところですが、お上がりください

「狭いところ」は、自宅に来客を迎えるときの定番語。「狭いところですが、どうぞお上がりください」のように使います。「散らかっておりますが」も、同様のシチュエーションで使える言葉です。

□むさ苦しいところ

むさ苦しいところですが

これも、自宅や自分の仕事場などを、謙遜していうときの言葉。「むさ苦しいところですが、どうぞどうぞ」などと使います。「散らかっておりますが」も同様に、人が自宅を訪ねてきたときなどに、謙遜をまじえて招き入れるフレーズです。

□ようこそ

ようこそ、お越しくださいました

「ようこそ」は、人をもてなす必須用語。単に「いらっしゃいませ」というよりも、丁重に出迎えるフレーズを作れます。「ようこそ、いらっしゃいました」、「ようこそ、お運びいただきました」のように。

□**足をくずす**　**足をおくずしになってください**

お客を和室に案内したときは、相手はまずは正座するはず。そんなときには、「どうぞ、足をおくずしになってください」、「どうぞ、おみ足をおくずしになってください」と声をかけるのが、ホストの気配り。

□**空茶《からちゃ》**　**空茶ですが**

「空茶」は、茶菓子を添えずに、お茶だけを出すという意味。「空茶でございますが」などと使います。また、「粗茶《そちゃ》ですが」は、「お客様にお出しするような銘茶ではありませんが」という意味で、ともに接客用の定番フレーズ。

■大人の〝訪問語〟を知っていますか

□**突然お伺いして**　**突然お伺いしまして、申しわけありません**

「突然お伺いして」は、アポなしで人を訪ねたときの最初のひと言。前もって約束すると、かえって気を遣わせるようなちょっとした訪問の時に使います。

□お玄関先

お玄関先で失礼いたしますので

「お玄関先」は、人の家を訪ねたとき、室内には上がらずに、玄関で失礼するときに使う言葉。「お玄関先で結構でございますので」、「お玄関先で失礼いたしますので」など、人の自宅を短時間訪問するときに使います。

□お暇《いとま》する

そろそろ、お暇いたします

一方、帰るときには、「お暇する」という動詞を使いたいもの。「そろそろ、帰ります」や「引き上げます」は単なる丁寧語で、敬語ではありません。「そろそろ、失礼します」でもOKですが、「お暇する」を使うと、さらに大人度の高いフレーズに仕上がります。

□洗面所をお借りする

洗面所をお借りしたいのですが

訪問先でトイレの場所を尋ねるときは、「トイレ」や「便所」という直接的な言葉は避けたいもの。「洗面所を拝借したいのですが」、「手を洗いたいのですが」のように言い換えるのがベター。女性の場合は「化粧を直したいのですが」という言い換え方もあります。

□おもてなし　今日はけっこうなおもてなしをしていただいて

「おもてなし」は、大人の会話では、訪れた側が使う言葉。自宅や飲食店で接待されたときには、帰りがけに「本日は、けっこうなおもてなしをしていただきまして」といいながら、頭を下げるのが大人のマナーです。とりわけ、自宅に招待されたとき、「お邪魔しました」とだけ告げると、そっけのない挨拶になってしまいます。

■自分の発言を婉曲化するちょっとしたコツ

□柄にもないこと　柄にもないことを申しあげました

「われながら、エラそうなことをいってしまった」と思ったときに、「柄にもないことを申しあげました」と一言添えて、自分の発言をフォローするセリフ。

□ご承知のとおり

ご承知のとおり、○○は

わかりきっていることをあえていう場合には、「ご承知のとおり」と前置きすると、「当たり前のことをいって」という相手の反発をおさえることができます。「ご存じのとおり」や「周知のとおり」、「ご案内のとおり」も、同様に使える前置きです。

□出過ぎた真似

出過ぎた真似をするようですが

われながら「出しゃばっている」と思う発言・行動をするときには、「出過ぎたまねをするようですが」といって予防線を張るといいでしょう。多少は、周囲の反発をおさえられるはず。

□記憶違い

私の記憶違いかもしれませんが

いくら相手が間違っているといっても、「それは違います」とあからさまに指摘するのは、失礼。「私の記憶違いかもしれませんが」、「私の記憶違いならすみません」のように前置きしてから、やんわり指摘するのが大人の話法です。

□はしくれ　　これでも○○のはしくれ

「はしくれ」は、下っ端ではあっても、一応はその集団に属していることを意味する言葉。かつては「これでも武士のはしくれ」という形でよく使われ、それを変化させて、「これでも医者のはしくれ」などと、謙遜とともに自負を表す言葉として使います。

■大人なら、電話の時にこれが言える

□いつも電話ばかりで　　いつも電話ばかりで失礼しております

「いつも電話ばかりで」は、話すのは電話ばかりで、顔を合わす機会が少ない相手に対して使う言葉。「いつも電話ばかりで、恐縮です」のように使い、言外に「お会いして話すのが、礼儀なのですが」という意味合いを含ませる大人の〝電話語〟といえます。

□いただいたお電話

いただいたお電話で恐縮ですが

これは、相手からかかってきた電話で、自分の用件も伝えるときに使うフレーズ。かかってきた電話は相手側が電話代を負担しているので、一言断ってから自分の用件を伝えるのが大人の礼儀。より丁寧にいうと、「いただいたお電話で恐縮ですが、よろしいでしょうか」。

□夜分

夜分恐れ入ります

夜、相手の携帯や自宅に電話を入れるときは、「夜分恐れ入ります」ではじめたいもの。こう断ってから、用件を告げるのが、大人の〝電話語〟です。

□お休みのところ

お休みのところ、恐れ入ります

これは、休日に、相手の携帯や自宅へ電話するときの言葉。「お休みのところ、まことに恐れ入りますが」などと、まずは休日に電話をかけて申し訳ないという気持ちを表します。

□復唱　念のため復唱させていただきます

「復唱」は、電話で、日時や電話番号、人名、住所などを聞いたときに使うフレーズ。細かな数字や情報は、正確に伝わっているかどうか、相手は不安に思っているかもしれません。「復唱させていただきます」と言って確認すれば、相手の不安は解消されるうえ、聞き違いの防止にもなります。

■大人なら、人を誘う時にこれが言える

□おさしつかえ　おさしつかえなければ

「おさしつかえなければ」は、人を誘うときの定番の前置き。本当は「ぜひ」と言いたいところでも、押しが強すぎると、相手を不快にさせかねません。そこで、「このあと、一席設けたいのですが、おさしつかえなければ、いらしていただけませんでしょうか」のように使います。

□お誘い合わせのうえ

皆様お誘い合わせのうえ

「お誘い合わせのうえ」は、大勢の人に参加を呼びかけるときの定番表現。「皆様お誘い合わせのうえ、ご参加ください」のように使います。口頭で呼びかけるほか、講演会や忘年会の案内状などの書状でも、よく使われる表現です。

□いないと始まらない

○○さんがいないと始まりませんので

「○○さんがいないと始まらない」は、相手を会合に誘うときの殺し文句。こういって「あなたが主役」であることを強調すれば、乗り気でない人も悪い気はしないはず。

■酒席用に心得ておきたい「大人語」

□おつきあい程度

ほんのおつきあい程度で

「おつきあい程度」は、酒に強いか弱いかを問われたときの大人の答え方。実際は、かなり酒に強くても、こう応じると、大人っぽく聞こえます。

□お相伴《しょうばん》

お相伴させていただきます

「お相伴」は、もとは目上に従って同じ行動をすること。そこから、宴席で正客に陪席するという意味で使われ、今の大人社会では、取引先や上司から食事などに誘われ、応じる際に使われています。「お相伴させていただきます」、「お相伴に預かります」のように。

□一席設ける

一席設けたいと存じますが

「一席設ける」は、お客を招くため、宴会などを催すこと。「近々、一席設けたいと存じますが、ご都合いかがでしょうか?」などと使います。

□席を改める

席を改めましょうか

「席を改める」は、話し合いの場などを他の場所に移すこと。接待では、一軒目の店を切り上げ、二次会に向かうこと。「そろそろ、席を改めませんか」などと用います。

□差しで飲む

一度、差しで飲みたいと思っていたんですよ

「差しで飲む」は、二人で差し向かいで飲むこと。「差し」は「差しつ差されつ飲む」というニュアンスを含んでいる言葉で、「○○さんとは、一度、差しで飲みたいと思っていたんですよ」のように使います。

□ご一献《いっこん》

どうぞ、ご一献

人にお酒をすすめるときは、「どうぞ、一杯」ではなく、「どうぞ、ご一献」というもの。ただし、「ご一献」は男性が使うのに似合う言葉で、女性は「おひとついかがですか」とすすめたほうがいいでしょう。

□お熱いの

お熱いのをおひとつ、どうぞ

「お熱いの」は、熱燗など、温めた日本酒の代名詞。「お熱いのをおひとつ、どうぞ」などと、すすめます。

□いける口

なかなか、いける口ですね

「いける口」は、人並み以上に酒が強いという意味。「いける口と伺っております。ま、ま、おひとつ、どうぞ」などと、お酒をすすめます。

□たけなわ

宴もたけなわではございますが

「たけなわ」は、漢字では「酣」や「闌」と書き、物事の盛りを表す言葉。とりわけ、宴会をめぐっては、「宴もたけなわ」というのが定番表現です。

□お口汚し

ほんのお口汚しですが

「お口汚し」は、人に料理をすすめるときの言葉で、「ほんのお口汚しですが、どうぞお召し上がりください」などと使います。「お口ふさぎ」という言い方もあります。

□初物《はつもの》

初物ですね

「初物」は、その年、初めて食べる食べ物。接待の席などで、旬の食べ物が出てきたとき、「初物ですね」といえば、単に「おいしいです」というよりも、感謝の言葉としての効果は大きくなります。

■どんな〝節目〟で使われている？

□おめでた

お嬢さん、おめでたただそうですね

「おめでた」は、もとは結婚など、慶事全般を指す言葉でしたが、今はもっぱら「妊娠」を意味する言葉として使われています。「おめでとうございます。お嬢さん、おめでたただそうですね」のように。「妊娠」という生々しい言葉を避けるための大人語といえます。

□産み月

産み月は○月です

「臨月」も「産み月」も、出産予定の月のこと。たとえば、出産予定の月を人に伝えるときには、「臨月」ではなく、「産み月」を使ったほうが、やや上品に聞こえます。

□**縁づく**　**ようやく、長女が縁づきましてね**

「縁づく」は、女性が結婚することを意味する大人語。「ようやく、長女が縁づきましてね」などと使います。

■人を見舞うのにふさわしい日本語

□**お大事に**　**どうぞお大事になさってください**

「お大事に」は、人を見舞うときに欠かせない言葉。「大事」には、大切に扱うという意味がありますが、「お」をつけるだけでは目上に対しては敬意不足なので、「なさる」を使って「お大事になさってください」といえば、適切な敬語に仕上がります。

□**ご養生のかい**　**ご養生のかいがありましたね**

「ご養生のかい」は、病気が治ったことを祝うときに使う言葉。退院した人にお祝いの言葉をかけたいとき、「ご退院おめでとうございます。ご養生のかいがありましたね」などと使います。

□気散じ
気散じにと思い、お持ちしました

人に対して「暇つぶし」や「時間つぶし」という言葉を使うのは失礼。入院中の退屈しのぎには、気晴らしを意味する「気散じ」という古風な表現が、似合っています。

■冠婚葬祭には必須の「大人語」〈結婚式〉

□いいお日柄
本日はまことにいいお日柄で

「日柄」は大安、仏滅など、その日の縁起の善し悪しをいう言葉。「本日はまことに日柄もよく、何よりでございます」などと使います。「天気」とは関係ない言葉なので、よく晴れているから、「お日柄がいい」というわけではありません。

□お開き

披露宴がお開きとなりましたら

結婚披露宴では、「忌み言葉」（不幸や不吉なことを連想させる言葉）を避けるのが常識。「二人の仲が終わる」につながる「（披露宴が）終わる」は、代表的な禁句のひとつ。

□ご芳名

こちらにご芳名のご記入をお願いいたします

結婚式のようなあらたまった場では、名前のことを「ご芳名」というのが常識。受付を頼まれたとき、「ここにお名前を書いてください」などというのは、いささか幼稚な物言い。

■冠婚葬祭には必須の「大人語」〈通夜・葬儀・法事〉

□御霊前

御霊前にお供えください

通夜・告別式で、香典を差し出しながら、「御仏前にお供えください」というのはNG。故人が仏になるのは初七日が過ぎてからのことであり、通夜・告別式の時点では、まだ仏にはなっていないので「御仏前」を使うのは早すぎます。「御仏前」の代わりに、「御霊前」を使うのが正しい表現です。

□ご会葬

このたびは、ご会葬ありがとうございます

通夜や葬儀に「出席」という言葉を使うのは不似合い。「ご会葬」がふさわしい日本語です。

□生前

○○様には、生前、お世話になりました

「生前」は、故人が生きていた頃のこと。「存命中」も同じ意味ですが、故人への敬意が不足しているため、自分の身内には使えても、相手の身内に使うのは不適切な言葉です。「ご」をつけて、「ご存命中」というのも、ぎこちなく聞こえるので、「生前」に言い換えます。

□ご逝去

ご逝去されたのは、いつごろのことですか

「死ぬ」に「〜れる」をつけて、「死なれる」としても尊敬語にはなりません。「ご逝去される」、「ご他界される」、「お亡くなりになる」などに言い換えると、故人への敬意を表せます。

□お寂しい

お寂しいことですね

「お寂しい」は、家族を亡くした人をねぎらう定番句。故人を偲ぶ気持ちとともに、遺族へのいたわりを表すことができます。「お寂しいことでしょうが、どうぞお体を大切に」、「お寂しいとは思いますが、どうぞお元気で」のように、いたわり、励ます言葉に用います。

□これからというときに

これからというときに、惜しい方を亡くしました

「これからというときに」は、将来ある人が亡くなったときに、その死を悼んで使う言葉。「これから、世にはばたこうとしていた若者」、「これから一層活躍しそうだった壮年者」、「これから円熟期を迎えようとしていた世代」など、さまざまな世代の人の死を悼むことのできる言葉です。

□早いもので

早いもので、もう○年になります

「早いもので」は、故人を偲ぶ際の定番のセリフ。「早いもので、亡くなってから、もう○年になります」、「早いもので、今年で七回忌《しちかいき》を迎えます」のように用います。なお、七回忌を「ななかいき」と言わないように。

■知っていますか？　社交辞令ならではの定型表現

□幸い多い

幸い多い年になることを願います

「幸い多い」は、年賀状でよく使われる言葉。「○○さんにとって、幸い多い一年であることを期待します」、「ご家族にとって、幸い多かれと存じます」のように。

□飛躍の年

飛躍の年にしたいと思います

「飛躍の年」も、年賀状でよく使われる常套句。「飛躍の年にしたいと思います」という決意表明のほか、「○○さんにとって、今年が飛躍の年となるよう、願っています」のように社交辞令用にも使えます。

□新天地

新天地でのご活躍を期待しています

「新天地」は、転職や転勤していく人への社交辞令に使われる言葉。「新天地でも、がんばってください」、「新天地での一層のご活躍をお祈りしています」のように、別れる際の励ましの言葉に使います。

□新しい門出

新しい門出に際して

「新しい門出」は、入学、入社、転職、起業など、人生の転機を迎えた人への社交辞令に使う言葉。「新しい門出に際して、○○さんにエールを送りたいと思います」、「新しい門出を迎えられた○○さんのご健勝をお祈りします」のように。

2　尊敬語、謙譲語…丁寧な日本語に言い換える

■よく使う言葉をレベルアップするひと工夫

□さようなら↓失礼いたします

「さようなら」は、もとは「左様なら」という接続詞。「それならば」という意味で、敬意は含まれていません。そこで、謙譲語の「いたす」を含む「失礼いたします」に言い換えると、目上にも使える大人の別れの挨拶になります。

□ただいま↓ただいま戻りました

「ただいま」は、「ただいま戻りました」の略語であり、これだけでは子供の挨拶。

「ただいま戻りました」と言葉を略さずにいうと、大人の挨拶になります。

□行ってきます↓行ってまいります

謙譲語の「まいる」を含む形に言い換えると、相手に対する敬意を表すことができます。

□いってらっしゃい↓いってらっしゃいませ

「いってらっしゃい」の語尾を「らせ」に言い換えるだけで、目上に対しても使える言葉になります。

□いらっしゃい↓ようこそ、いらっしゃいました

「いらっしゃい」は本来「いらっしゃる」の命令形であり、敬意を含んでいません。そこで、相手の訪問への喜びを示す「ようこそ」を補うと、歓迎の気持ちを表すことができます。

□暑いですね→お暑うございます

「ございます」は、「です」をより丁寧にした表現。「ございます」は、形容詞に直接つけることはできませんが、「暑い」を「暑う」に言い換えると、使うことができます。一方、「寒いですね」は「お寒うございます」に言い換えられます。

□はじめまして→はじめてお目にかかります

単に「はじめまして」では敬語になっていません。「お目にかかる」という敬語を含むフレーズを続けると、敬語化することができます。「はじめまして、○○と申します」のように、謙譲語の「申す」を使ってもＯＫ。

□おはよう→おはようございます

「おはよう」は「お早く」が音便化した語。「ございます」を補うと、大人の挨拶語になります。なお、「早いですね」は「お早いですね」に言い換えると、目上にも使える言葉になります。

□こんばんは→こんばんは、お疲れさまです

「こんばんは」は、「今晩は〜」に続くフレーズを略した挨拶語。現代の言葉に補うとすれば、夜は仕事帰りの人が多い分、「お疲れさまです」がしっくりくるケースが多いでしょう。

□ごちそうさま→ごちそうさまでした

「ごちそうさま」は、一応「様」がついているものの、相手への敬意や感謝の気持ちを十分に表した言葉とはいえません。せめて、「〜でした」で締めて、より丁寧な言葉にしたいもの。

□おめでとう→おめでとうございます

「おめでとう」は「おめでたく」の音便化で、次に続く「ございます」「存じます」が略された挨拶言葉。もとに戻して、「おめでとうございます」、あるいは「おめでとう存じます」というと、大人も使える祝福のフレーズになります。

□元気でした？↓お変わりございませんか？

「お元気でした？」と「お」をつけたところで、十分な敬意を表すことはできません。「ございます」を使う形に言い換えると、大人のフレーズになります。

□今、いいですか↓今、よろしいでしょうか？

「よろしい」は、「いい」「よい」を丁寧化した形容詞。おおむね「いい」「よい」は「よろしい」に言い換えると、大人っぽい表現になります。たとえば、「帰ってもいいですか」は「帰ってもよろしいでしょうか」、「こちらでいいですか」は「こちらでよろしいでしょうか」というように。

□お茶です↓どうぞ、お茶をお召し上がりください

「どうぞ」自体は敬語ではないので、目上に対して「お茶をどうぞ」というと敬意不足になります。「お召し上がりください」と、敬語を含むフレーズを補うと、目上に対しても使える言葉になります。

□こっちへどうぞ↓こちらへどうぞ。ご案内いたします

これも、前項と同様、「どうぞ」を付けるだけでは、敬意不足に聞こえるので、明確な敬語を含むフレーズを補う形で、敬意を高めるパターン。

□どっちがいいですか？↓どちらになさいますか？

「なさる」（為さる＝五段活用）は、「する」「なす」の尊敬語。「どちらになされますか？」でもＯＫ。こちらは、下一段活用の「為される」を使った形です。

□では、よろしく↓では、よろしくお願いいたします

「よろしく」は、形容詞の単なる連用形であり、敬意を含んでいません。謙譲語の「いたす」を使う形に言い換えると、尊敬の気持ちを表すことができます。

□お久しぶりです↓ご無沙汰しております

「お久しぶりです」は、丁寧語ではあっても、敬語ではありません。「ご無沙汰しております」といえば、「おります」が謙譲のニュアンスを含むため、一応は敬語の形になります。ただし、それでもまだ敬意不足なので、「申し訳ありません」と続けるのが、大人のフォロー。

□してください↓していただければ幸いです

「〜してください」は、丁寧語ではあるものの、命令形でもある形。「〜していただけませんか」や「〜していただければ幸いです」と言い換えるのが大人の物言いです。

■仕事の言葉を敬語に言い換える方法

□調べてください↓ご調査のほど、お願い申し上げます

「ほど」は、丁重に依頼するときに便利な言葉。「ご理解のほど」、「ご勘案のほど」、「ご勘弁のほど」などに、「お願い申し上げます」と続けると、丁寧な依頼のフレーズに仕上がります。

□わかりません↓勉強不足で申し訳ありません

「わかりません」は、小学生並みの言葉。相手の話についていけないときは、「勉強不足」という大人の〝言い訳語〟がすんなり出てくるようにしたいもの。

□ひいきにしてください↓ご愛顧のほど、お願い申し上げます

これも、「～のほど、お願い申し上げます」のパターン。「ひいき」にするのは、相手の行動なので、「ご」をつけて「ごひいき」にするか、「ご愛顧」に言い換えます。

□貸してください↓拝借できれば幸いです

前述の通り「～れば、幸いです」で締めくくると、丁重な依頼のフレーズになります。「お借りできれば幸いです」、「拝借できれば幸いです」のように。

□出席ください↓ご臨席いただければ幸いに存じます

「～れば、幸いです」を「～れば、幸いに存じます」と言い換えると、敬度をさらに高めることができます。なお、例文の敬度をフルアップすると、「ご臨席賜れば幸いに存じます」となります。

□がんばります↓精進《しょうじん》いたします

決意を問われて「がんばります」と答えていいのは、学生の間だけ。大人なら「鋭意、努力いたします」くらいのフレーズは使いこなしたいもの。また、「精進いたします」と言い換えることもできます。

□わかってください↓お含みおきください

相手に事情を知っておいてほしいときに、「わかってください」というのは、幼稚な表現。「事情をよく理解して心にとめておく」ことを意味する「含みおく」を使い、「お含みおきください」というのが大人の物言いです。

□理解してください↓ご賢察ください

「理解してください」を単純に敬語化すると、「ご理解ください」となりますが、

「賢」という漢字が入った熟語「賢察」を使うと、相手をさらに持ちあげることができます。

□やめてください↓ご遠慮ください

相手に何かをやめてほしいときは、「ご遠慮」を使って、婉曲に〝命令〟するのが大人の物言い。「お控え願えますか」という言い方もあります。

□事情はわかります↓事情はお察し申し上げます

「お察しする」と、謙譲語の「申し上げる」を組み合わせると、レベルの高い謙譲語に仕上がります。

□お断りします↓ご遠慮申し上げます

断るときには、角を立てないように、謙譲語の「申す」か「いただく」を使いたいもの。「ご辞退申し上げます」、「見送らせていただきます」なども、角を立てない断り方。

□しかたがありません↓いたし方ございません

「いたす」は謙譲語なので、こういう形でも、「いたす」を使うと、単に「しかたありませんね」というよりは、丁重な表現になります。

□心配しています↓ご案じ申し上げています

「心配する」を大人語に言い換えると、「案じる」。それを敬語化すると、「ご案じ申し上げる」となります。先方の体調などに対して心配を表すときの定番のセリフです。

■ビジネスメールでよく使う便利な言い方

□もらいました↓拝受いたしました

「メール、拝受いたしました」は、メール時代になってからの定番表現といえます。

「拝受」は受け取ることの謙譲語で、紙の資料など、メール以外のものを受け取るときにも使うことができます。

□受け取ってください↓ご笑納くだされば幸いです

「受け取ってください」を単純に敬語化すると、「どうぞ、お受け取りください」。さらに敬う度合いを高めると、「ご笑納くだされば幸いです」となります。

□見てください↓ご高覧ください

「高覧」は「見る」の尊敬語で、「ご高覧ください」は、書類などを読んでもらいたいときに使う言葉。「ご笑覧ください」という言い方もあります。

□問い合わせます↓ご照会いたします

「照会する」のような、熟語に「する」をつけて動詞化した言葉を「サ変動詞」と呼びます。こうした動詞を「ご＋いたします」の形にすると、多くの場合、謙譲語になります。「在庫について、ご照会いたします」のように。

□**連絡してくださいｰ→ご一報賜りたく存じます**

「賜る」、「存ずる」はともに謙譲語で、相手への敬意を表します。これらの語を使うと、「連絡してください」や「ご連絡ください」よりも、格段に丁重な表現になります。「ご一報賜れば幸いです」という言い方もあります。

□**考えてもらえませんか→ご一考いただければ幸いです**

ビジネスメールには、「考えてもらえませんか」よりも、「ご一考いただけませんか」や「ご一考いただければ幸いです」のほうが、ふさわしい表現。

■身近な「動詞」を敬語に言い換える方法①

□**座る→お掛けになる**

どうぞお掛けになってください

「座る」を敬語化するとき、「お座りになる」というと、相手を犬扱いしているようで、滑稽。「お掛けになる」を使うとこなれた敬語になります。

□**太る→ふっくらする**

ふっくらされましたね

「太る」を単純に敬語化すると、「太られる」か「お太りになられる」。ところが、これでは嫌味にも慇懃無礼にも聞こえかねません。大人語として使えるのは、「ふっくらされる」か「ふくよかになられる」。これでも、面と向かっては、口にしないに越したことはありませんが。

□**（相手が）処理する→お取り計らいになる**

お取り計らいください

「取り計らう」は、物事がうまくいくように、取り扱うこと。自分が「取り計らう」場合は、「取り計らわせていただく」となります。ただし、舌を噛みそうなので、「処理させていただく」といったほうがいいでしょう。

□**好きになる→お慕いする**

お慕い申し上げているようで

「慕う」は、「お＋する」の形で敬語化することができます。さらに敬度を高めるには、「お＋申し上げる」の形にして「お慕い申し上げる」といえばいいでしょう。「娘が先生をお慕い申し上げているようで」のように。

□祈る↓お祈り申し上げる

お祈り申し上げます

これも、前項と同様、「お＋申し上げる」の形で、敬語化することができます。その形を使った「一層のご活躍をお祈り申し上げます」は、手紙文を締める定番フレーズ。「祈る」を熟語に言い換えると、「ご祈念申し上げる」となります。

□酒を飲む↓御酒《ごしゅ》をいただく

御酒をいただきました

「御酒」は、酒の尊敬語。なお、「御酒」は日本酒限定の言葉で、ビールやウイスキーなど、他のアルコール類の意味に使うのは、いささか変。

□思う↓思し召す

いかが思し召しですか

「思し召す」は「思う」の尊敬語で、「そのあたり、いかが思し召しですか」のように使います。なお、「思し召す」のような上級の尊敬語を使うときは、「どう」と組み合わせる「どう思し召しですか」はミスマッチで、「いかが」を使って「いかが思し召しですか」とすると、言葉の釣り合いがとれます。

□暮らす↓お過ごしになる　いかがお過ごしでしょうか

「過ごす」には、時間を費やすという意味があり、「お過ごしになる」はその意味の尊敬語。「近頃、いかがお過ごしでしょうか」などと使います。

□集まる↓ご参集になる　ご参集くださいますよう

「参集」は、大勢の人が集まってくること。「参る」という漢字を含んではいますが、「参集」は謙譲語にはなりません。

□年をとる↓馬齢を重ねる　馬齢を重ねております

「馬齢」は、自分の年齢を馬にたとえて、へりくだる言葉。人に対して「馬齢を重ねられて」といっても、尊敬語にはならないので、ご注意のほど。

□見かける↓お見かけする　お見かけしました

動詞は、「お＋する」で謙譲表現にできることがあります。「お見受けする」も、同様のパターンの謙譲表現で、意味も「お見かけする」とほぼ同じです。

□**文句を言われる↓お叱りを受ける**　　**お叱りを受けました**

「文句を言われる」、「クレームをつけられる」、「抗議される」などを敬語化すると、「お叱りを受ける」となり、「お客様からお叱りを受ける」と使います。

■身近な「動詞」を敬語に言い換える方法②

□**贈る↓差し上げる**　　**もれなく差し上げます**

「贈る」を敬語化すると、「差し上げる」になります。「恩師に記念品を差し上げる」などと使います。なお、熟語の「贈呈する」、「進呈する」、「謹呈する」も、敬意を含みます。

□**了解する↓承る、かしこまる**　　**たしかに承りました**

メールでは「了解しました」が多用されていますが、この言葉は丁寧語ではあっても、敬意を含んでいません。そのため、目上に対してはややぞんざいに響きます。少なくとも目上に対しては、「承りました」か「かしこまりました」を使い、敬意をはっきり表したほうがいいでしょう。

□（相手が）受け取る→ご査収

よろしく、ご査収ください

メールでは、「どうぞ、ご査収ください」がよく使われていますが、ほかに「ご検収」「ご受納」も同様に使える言葉。なお、「査収」は、よく調べて受け取ることなので、相手から何かを送られたとき、「査収いたしました」と返信するのは、失礼になります。

□取っておく→お取りおきする

お取りおきしておきました

「お取りおきする」は、お客の注文品を特別に取っておくときに使う言葉。「お取りおきしておきました」といって、顧客への特別の配慮を表すわけですが、発音しにくい言葉なので、舌を噛まないように。

□売る↓お譲りする

ご希望の方に、無償でお譲りします

「お売りする」よりも、「お譲りする」といったほうが、こなれた敬語になります。なお、「お譲りする」は「売る」という意味なので、無償で贈る場合には「無償でお譲りする」という必要があります。また、「買う」ことは「お譲りいただく」と表します。

□教える↓ご案内する

ご案内申し上げます

「教える」を単純に敬語化すると、「お教えする」や「ご教示する」になります。ただ、これらの言葉にも〝上から目線〟の語感が残っているので、「ご案内する」や「ご紹介する」に言い換えるのがベター。「先般お問い合わせのあった件について、ご案内申し上げます」などと使います。

□教わる↓ご教示いただく

ご教示いただいたとおりに、いたしました

一方、教えてもらう場合には、「教示」を使っても、語感上の問題は生じません。「お教えいただく」もＯＫです。

□察する→拝察する

私が拝察するところ

「拝察する」は「察する」の謙譲語で、「私が拝察するに」という形でよく使います。謙譲語であるため、人に対して「ご拝察のとおり」と使うのは間違いで、「ご賢察のとおり」というのが正解。なお、他にも「拝」のつく謙譲語は多数あり、拝見する（見る）、拝謁する（会う）、拝観する（観る）、拝聴する（聴く）、拝借する（借りる）、拝読する（読む）あたりは、使いこなしたい言葉。

□耳に入れる→お耳を拝借する

少々、お耳を拝借

「少々、お耳を拝借」は、大人社会で古くから使われきた言い回し。前項で述べたように「拝」の字がつく「拝借」は謙譲語であるため、俗っぽい言葉ながらも、一応は敬意を表す形になっています。

□尋ねる→お伺いを立てる

社長にお伺いを立てたところ

「お伺いを立てる」は、目上に意向を尋ねるときに使う言葉。「専務にお伺いを立てなくても、よろしいのですか」などと使います。

□言いつかる↓仰せつかる

司会の大役を仰せつかる

「言いつかる」の「つかる」は「付かる」と書き、言い付けられるという意味。「言い」の部分を「仰せ」に換えると敬語化できます。「本日、司会の大役を仰せつかりました○○でございます」などと用います。

□参加する↓末席を汚す

末席を汚しております

「参加させていただく」としても謙譲表現になりますが、「末席」という語を含む成句「末席を汚す」を使ったほうが、格調高く謙譲の気持ちを表せます。

□謝る↓陳謝する

陳謝いたします

「陳謝する」は、事情を述べて謝ること。この言葉自体は謙譲語ではありませんが、「陳謝いたします」のように「いたす」をつけて、謙譲語化することができます。一方、「謝る」は、こなれた形の謙譲語にも尊敬語にもしにくい動詞。

□**呼ぶ↓お呼び立てする**

お呼び立てして、申し訳ありません

「呼び立てる」の本来の意味は、「大声をあげて呼ぶ」こと。それが、今はとくに大声を出さなくても、「呼ぶ」という意味で使われています。敬語化するには、「お＋する」の形を使って、「朝早くからお呼び立てして、申し訳ありません」などと用います。

■身近な「名詞」を敬語に言い換える方法

□**足↓おみ足**

どうぞ、おみ足をおのばしください

「おみ」は接頭語で、漢字で書けば「御御」。「どうぞ、おみ足をおのばしください」、「おみ足をおもみしましょうか」などと使います。

□**髪↓御髪《おぐし》**

御髪が伸びましたね

「御髪」は、髪の毛に対する尊称で、「御髪がずいぶん伸びましたね」などと使います。もとは女房詞《ことば》で「御櫛」と書きました。

□体↓御身

御身お大切に

「御身」は、相手の体を敬っていう言葉。現代では、おもに手紙文で「時節、御身お大切に」などと使います。口語では「お体」でOK。

□顔↓ご尊顔

ご尊顔を拝することができて光栄に存じます

「ご尊顔」は、相手の顔を敬っていう言葉。今はもっぱら、「ご尊顔を拝する」（「会う」の最上級の敬語）という形で使います。

□名前↓お名前、ご氏名、ご芳名、ご高名

ご高名はかねがね伺っております

「名前」には多数の尊称があるので、時と場合によって使い分けたいもの。通常は「お名前」か「ご氏名」、あらたまった席や文章では「ご芳名」（P83参照）を使い、「ご高名」は「ご高名はかねがね伺っております」などと、相手を持ち上げるときに使います。

□体調→ご加減、お具合

その後、ご加減はいかがですか

相手の体調は「ご体調」といってもＯＫですが、「ご加減」や「お具合」といったほうが、こなれた大人語になります。

□服→お召し物

上品なお召し物ですね

「召す」は、「食べる」「飲む」のほか、「着る」「履く」の敬語としても使える動詞。それを使った「お召し物」は、相手が着る衣服に対する尊敬語で、「お召し物、汚れませんでしたか」などと使います。

□命令→お声がかり

社長のお声がかりで

「声がかり」は、地位の高い人から、特別な命令や処遇を受けること。「会長のお声がかりで、事業がスタートする」、「社長のお声がかりで、部長に抜擢される」などと使います。

□特別扱い↓格別のお計らい

格別のお計らいをいただきました

「格別のお計らい」は、特別扱いしてくれる相手の気持ちに対して、尊意を表す言葉。「格別のお計らいをいただきまして」のように使います。

□指導↓お引回し

よろしくお引回しのほど

相手に指導してもらったり、世話になることは、大人語では「お引回し」といいます。「よろしくお引回しのほど、お願い申し上げます」が定番の使い方。

□思いつき↓ひらめき

すばらしいひらめきですね

人のアイデアは「ひらめき」と持ち上げ、自分のアイデアは「思いつき」とへりくだるのが大人の物言い。「ちょっと、ひらめいたのですが」ではなく、「ちょっと思いついたのですが」というほうが、「たいしたアイデアではない」という謙虚な姿勢を表すことができます。

3　「お」「ご」「ふ」を制する者が敬語を制す！

■大人の会話に欠かせない「不」のつく熟語

□不案内

その分野は不案内でございまして

「不＋熟語」の形には表現を婉曲にする効果があり、大人の会話では謙遜のニュアンスを含ませるときにも使います。たとえば、「不案内」は、自分がよく知らない分野について、尋ねられたときに使う言葉。「不案内でございまして」というと、単に「知りません」というよりも、丁重かつ謙遜のニュアンスを含む言い方になります。

□不勉強

不勉強なものですから

これも、「不案内」と同様の場面で使う言葉。人から尋ねられたとき、いい大人が「わかりません」や「知りません」と答えるのは、いささかみっともないもの。「その点に関しては、不勉強なものですから」と応じるのが、大人の物言いです。

□不本意

まことに不本意ではございますが

「不本意」は、「私どもが望んだことではないのですが」という意味で、相手の期待に添えないとき、枕詞のように使う言葉。「まことに不本意ではございますが」や、それを短くして「まことに不本意ながら」のように使います。

□不調法《ぶちょうほう》

あいにく不調法でして

「不調法」は、行き届かないという意味の言葉ですが、大人語としては「酒をたしなまない」という意味でも使われます。人から酒をすすめられたとき、「お酒、ダメなんです」と断るよりも、「あいにく不調法でございまして」と応じるのが、大人の口の利き方。

□不退転《ふたいてん》

不退転の決意で、やり抜く所存です

「不退転」は、屈しないこと、固く信じて変わらないこと。これは、「不＋熟語」には珍しく、強い意味をもつ言葉で、「不退転の決意で取り組みます」などと決意を示す言葉です。そのため、この言葉の使用後は、本気で取り組まないと、「あいつはしょせん口だけだよ」といわれる懸念《けねん》のあることが、この語の使用上の注意です。

■「ご＋熟語」の使い方をご存じですか

□ご留意

今後、ご留意願います

ビジネスメールなどの文章では、普通の動詞を使うよりも、「ご＋熟語」の形で表すと、言葉の格調を高めることができます。たとえば、メールで、「以後、このようなことがないようにお気をつけください」と書くよりも、「今後、ご留意願います」や「今後、ご留意のほどお願い申し上げます」としたほうが、大人度の高い表現になります。

□ご理解

ご理解いただきたく、存じます

「ご理解いただきたく」は、説明や弁明するときに、相手に理解を求めるために使うフレーズ。「最善の策であることをご理解いただきたく、お願い申し上げる次第です」のように使います。

□ご尽力

ご尽力いただき

「ご尽力」は、手伝ってくれたり、骨を折ってくれた人に対して、礼を述べるときに使う「ご＋熟語」。「ご尽力いただき、まことにありがとうございます」のように。

□ご静聴

ご静聴ありがとうございました

「静聴」は静かに聞くことで、こちらの話を静かに聞いてもらったときには、「ご静聴」を使います。なお、「拝聴」は、自分が人の話を聞くことの謙譲語なので、「ご拝聴ありがとうございました」というのは間違いです。

□ご想像

ご想像におまかせします

「ご想像におまかせします」は、相手の質問をはぐらかすための常套句。とても答える気になれない愚問に対しても、このフレーズで交わすことができます。ただし、言い方がキツいと、相手を不愉快にさせることもあるので、笑顔で冗談めかしていうのが、言い方のコツ。

□ご心痛

ご心痛のほどお察しいたします

「心痛」は、胸がいたむこと。「ご心痛のほどお察しいたします」は、平たくいうと「辛い気持ち、わかりますよ」という意味で、人をねぎらうときの定番フレーズ。

□ご勇退

ご勇退おめでとうございます

「ご勇退」は、定年退職する人に対して使う言葉。「定年」という言葉は寂しげなニュアンスを含むので、「定年おめでとうございます」というよりも、「ご勇退おめでとうございます」といったほうが、明るいはなむけの言葉になります。そのあと、「長い間、お疲れさまでした」と、続けるといいでしょう。

●仕事に必須の〝ご付き〟の熟語

- **ご重責**――「ご重責を担われる」、「ご重責を果たされる」
- **ご大任**――「ご大任を果たされる」、「ご大任、お疲れさまでございました」
- **ご検分**――「どうぞ、ご検分のほど、お願いいたします」
- **ご吟味**――「ご吟味いただきたいと思います」
- **ご一任**――「丸投げする」を敬語化した言葉。「ご一任したいと存じ～」
- **ご歓談**――「しばし、ご歓談ください」
- **ご懇意**――仲よくすることの敬語。「ご懇意にさせていただいています」
- **ご栄転**――「ご栄転おめでとうございます」
- **ご用命**――「なんなりと、ご用命のほど」
- **ご出世**――「たいへんなご出世ですね」
- **ご参照**――照らし合わせてみること。「ご参照いただければ幸いです」
- **ご挨拶かたがた**――「ご挨拶かたがた、お礼にあがりました」
- **ご挨拶まで**――「近くまで来たもので、ちょっとご挨拶まで」

- **ご随意に**——「どうぞ、ご随意に」。「ご」がついていても、やや皮肉っぽい言葉。
- **ご贔屓**——「いつも、ご贔屓いただきまして」
- **ご用向き**——「どのようなご用向きでしょうか」。「ご用件」も、同様に使えます。
- **ご臨席**——「ご臨席、ありがとうございます」。「ご来場」、「ご来席」も同様の意味。
- **ご列席**——「ご列席の方々に申し上げます」
- **ご光臨**——「ご光臨賜りたく存じ～」。「ご光来」、「ご来駕」、同様に使えます。
- **ご多用中**——ものを頼むときの定番フレーズ。「ご多用中、恐れ入りますが」
- **ご遠方**——「ご遠方から、お運びいただき、まことにありがとうございます」
- **ご不在**——「ご不在中に、お邪魔しておりました」
- **ご同道**——「ご同道いただけますか」
- **ご唱和**——「それでは、みなさん、ご唱和ください」
- **ご冗談**——「ご冗談でしょう」、「ご冗談はおやめください」
- **ご期待**——「ご期待にそえるよう、がんばります」、「ご期待に応える所存です」
- **ご勘弁**——「どうぞ、ご勘弁ください」
- **ご無礼**——「ご無礼いたしました」

・**ご難色**——「社長様がご難色をお示しと伺っています」

・**ご放念**——忘れてくださいという意味。「何とぞ、ご放念下されますよう」

・**ご執心**——「これほど、ご執心とは驚きました」

・**ご得心**——「ご納得」のより大人っぽい言い方。「ご得心いただければ幸いです」

・**ご不興**——「顧客のご不興を買う」。ご不快、ご不満も同様に使えます。

・**ご腐心なさる**——「ご腐心のほどは、承知しています」

・**ご尊顔を拝す**——「一度、ご尊顔を拝したいと存じ」

●社交辞令に必須の〝ご付き〟の言葉

・**ご健康**——「ご健康を取り戻されて何よりです」

・**ご健勝**——「ご健勝で何よりです」

・**ご壮健**——「相変わらずのご壮健で、何よりです」

・**ご隆盛**——「益々ご隆盛のことと存じあげます」。ご繁栄、ご発展も同様に使えます。

・**ご同慶**——「ご同慶の至りです」

・**ご芳書**——相手からの手紙のこと。「ご芳書、拝受いたしました」

・**ご労作**――「ご労作、拝読いたしました」
・**ご健脚**――「ご健脚ぶりを発揮されたと伺っています」
・**ご立派**――「ご立派になられて」
・**ご恩**――「このご恩は一生忘れません」
・**ご安泰**――「ご安泰のことと存じます」
・**ご多幸**――「皆様のご多幸をお祈り申し上げます」

●大人なら使いこなしたい「お」のつく言葉

・**お運び**――「来る」の尊敬表現。「どうぞ、お運びください」
・**お引き払いになる**――引っ越すの敬語。「仕事場はお引き払いになられたんですか」
・**お引き止めする**――「お引き止めしてしまって」と長居したお客を送り出します。
・**お珍しい**――「これは、お珍しい。ごぶさたしています」
・**お気がねなく**――「どうぞ、お気がねなく」
・**お心置きなく**――「あとのことは、お心置きなく」
・**お心のままに**――「ご寄付については、お心のままに」

・**お心丈夫**——「息子さんがご帰郷されて、お心丈夫なことと、存じあげます」

・**お手柔らか**——「お手柔らかに、お願いいたします」

・**お恥ずかしい話**——「まことに、お恥ずかしい話ではございますが」

・**おくつろぎ**——「どうぞ、おくつろぎください」、「おくつろぎ中、申し訳ありません」

・**お目こぼし**——「例の件は、なにとぞお目こぼしのほど」

・**お見それ**——「お見それいたしました」

・**お腹立ち**——「お腹立ちも、ごもっともです」

・**お聞き及び**——「すでに、お聞き及びとは存じますが」

・**お足元**——「お足元、大丈夫でしたか」、「お足元、お気をつけください」

・**お互いさま**——「困ったときは、お互いさまです」

・**お邪魔**——「お忙しいところを、お邪魔いたしまして」

・**お手並み拝見**——「お手並み拝見といきましょうか」

●ちょっと古風な「お」のつく大人語

・**お流れ**——目上に酒を注いでもらうこと。「お流れ頂戴いたします」

・**お膝送り**――床・畳に座ったときに、奥に詰めること。「お膝送り、願えますか」
・**お手ずから**――「お手ずから、作っていただくなんて」
・**お福分け**――お裾分けの縁起のいい言い方。「到来物のお福分けではございますが」
・**おめざ**――朝、起き抜けに食べるお菓子。「おめざを用意しております」
・**お安くない**――「お安くないですね」
・**お聞き捨て**――「あの件は、お聞き捨てください」。なかったことにしてくださいの意味。
・**お目通り**――会うこと。「ようやくお目通りがかないました」
・**お申し越しの件**――この「申し」に謙譲の意味はない。「お申し越しの件に関して〜」
・**おみ帯**――帯のこと。
・**お軸**――掛け軸のこと。
・**お正客**《しょうきゃく》――茶会で、第一の客のこと。
・**お作**――作品。「先生のお作」
・**御地**《おんち》――手紙文で相手の住む場所。「御地では、すがすがしい季節と〜」

特集1

できる大人の日常会話 いくつ言い換えられますか？

この特集にまとめたのは、日常生活でよく使うフレーズの言い換え。たとえば「ありがとう」も、時と場合と相手に応じて、言い換えられるのが、大人の物言い。さて、あなたは、いくつ言い換えられますか?

■ありがとう

□**ありがとうございます**

単なる「ありがとう」は、謝辞ではあっても、敬語ではありません。「ございます」を付け足して、はじめて目上に対しても使える言葉になります。

□**ありがとう存じます**

前項に、若干ながら謙譲のニュアンスを加えた言い方。

□**御礼申し上げます**

おもに文章で使う言葉。「厚く御礼申し上げます」など。

□**感謝申し上げます**

「感謝」という熟語を使う基本形。

□**感謝にたえません**

あらたまった席や文章で使うのに、ふ

さわしいフレーズ。

□感謝の気持ちで一杯です

スピーチで、大勢の人に対して感謝するときによく似合うフレーズです。

□お礼の申し上げようもありません

「何とお礼を申しあければいいか、言葉もありません」などと変化をつけながら、深い感謝の念を表せるフレーズ。

■恐縮です

□恐れ入ります

「恐縮」は、もとは「身を縮めるほど恐れ入る」という意味。ところが、感謝や依頼のフレーズに多用されるうち、軽い言葉になってきています。今は、「恐縮です」よりは、「恐れ入ります」といったほうが、感謝の気持ちを丁重に表せます。

□身が縮む思いです

これも、「恐縮」より恐れ入る気持ちを丁重に表せます（P39参照）。

□畏れ多いことです

「そんなにしていただき、畏れ多いことです」、「とても畏れ多くて」などと、相手を立てながら恐縮の姿勢を表すフレーズです。

□**痛み入ります**

「お気遣い、痛み入ります」が、大人社会の定番の使い方。たとえば、中元・歳暮などを贈り物をもらったときに、メールや葉書で礼を述べる際に使う言葉です（P37参照）。

■ご苦労様

□**お世話様でした**

人に手伝ってもらったときなどに、「ご苦労様」と声をかけるのは、相手を使用人扱いしているようで失礼。

「お世話様でした」のほうがまだマシですが、まだ上から見ているニュアンスは残っています。

□**お世話になりました**

こういうと、上から見るようなニュアンスを消せます。目上に対しても使える言葉です。

□**お手間をとらせました**

個別の用事を頼んだあとには、「お世話になりました」よりも、「お手間をとらせました」というほうが、よく似合います。

□**ご面倒をおかけしました**

個別に頼んだ用事が面倒な仕事であった場合には、このフレーズを使うといいでしょう。「ご厄介をおかけしました」も、同様のケースで使える言葉です。

■すみません

□**あいすみません**

「相済む」という動詞があります。「済む」のあらたまった言い方として使われる言葉で、「滞りなく相済みました」などと使われています。それを使った言葉が「相済みません」。「すみません」よりも丁重な言葉として、接客敬語、ビジネス敬語として、よく使われています（Ｐ214参照）。

□**失礼いたしました**

「先日は失礼いたしました」のように、挨拶としても使われるフレーズ。そのため、謝罪用としては、小さな行き違いやうっかりミス程度にしか使えません。

□**申し訳ありません**

これも、小さなミスにしか使えない言葉。「申し訳ございません」にすると、多少は丁重になるものの、やはり大きな失敗には使えません。大きな失敗を謝るときには、「まことに申し訳ございません」などと、副詞を付け足して、頭の下げ具合を深めていくことが必要。

□お詫びの言葉もございません

大きな失敗を謝る言葉。謙譲語の「申す」を使うと、「お詫びの申し上げようもございません」となります。

□なにとぞ、ご容赦ください

これも、大きなミスを謝る言葉。「平に、ご容赦ください」という言い方もあります（P219参照）。

■了解しました

□承りました

メールでは「了解しました」と返信する人が多いものですが、「了解」という言葉は敬意を含んでいないので、目上に対してはやや失礼に響きます。「承る」は「聞き入れる」「受け入れる」の謙譲語なので、目上に対してはメールでもこちらを使うとよいでしょう。

□承知しました

「承知」は「承」の字が使われている分、謙譲のニュアンスを含みます。さらに、謙譲用の動詞「いたす」を使い、「承知いたしました」とすると、謙譲のニュアンスがさらに強くなります。

□**かしこまりました**

「かしこまる」は、多義的に使われる言葉で、「恐れ入る」のほか、「承る」という意味でも使えます。目上に対して、「はい、かしこまりました」が定番の使い方。メールで使うこともでき、「ご依頼の件、かしこまりました」など。

■そうです

□**さようでございます**

「さよう（左様）」は、そのとおりという意味。文語の効果で、「そう」よりも丁重に響きます。加えて、「です」を「ございます」に言い換えると、同意や肯定の気持ちを丁重に表すことができます。

□**おっしゃるとおりです**

同意するときの基本フレーズ。さらに、丁重にすると「仰せのとおりです」になります。なお、「おっしゃられる」

は二重敬語であり、くどい表現。

□ごもっともです

相手の意見に賛意を表すフレーズ。「ごもっともでございます」、「ごもっともなお話と存じます」などと、敬語としてのレベルを上げていくことができる使い勝手のいい言葉です（P40参照）。

□異存はございません

「異存はない」を丁寧に言って同意を示すフレーズ。現実には、「ごもっともなご意見と存じます。私どもに異存はございません」などと、別のフレーズと組み合わせて使うことが多い言葉です。

■できません

□いたしかねます

謙譲語の「いたす」を使うと、一応は敬語の形で断ることができます。ただし、これでも、いささかぶっきらぼうに聞こえるので、現実では「いたしかねます。あいすみません」などと、言葉をつなげていくもの（P196参照）。

□ご希望には添いかねます

「かねる」は、「言いかねる」「忘れか

ねる」のように、「～することができない」という意味を作る言葉。謙譲のニュアンスを含んでいるものの、これだけでは冷淡にも聞こえるので、これにも「あいすみません」などの言葉を添える必要があります（P197参照）。

□**貴意には添いかねます**
前項の「ご希望」を「貴意」に言い換えたフレーズで、もっぱら文書で使う表現です（P197参照）。

□**ご辞退申し上げます**
人からの誘いや任命を断るときには、このフレーズが使えます。「辞退」には、へりくだって引き下がるという意味があり、それに謙譲語の「申し上げる」と添えると、過不足のない敬語になります（P97参照）。

第3章

日本語をアップグレードすると、仕事の成果が面白いほど変わります

1　ビジネスには欠かせない語彙

■ビジネスパーソンならこれくらい知らなきゃ

□拝読

では、拝読いたします

上司に書類を読むよう言われたとき、「読ませていただきます」というのは、ぎこちない敬語。「読む」ことの謙譲語の「拝読」を使い、「拝読いたします」というと、こなれた敬語になります。

□日頃の御好意

日頃の御好意に甘えまして

「日頃の御好意」は、世話になっている人に対し、さらに願いごとをするときなどに使うフレーズ。「日頃の御好意に甘えまして、お願いするのですが」のように使います。

□お含みおきください　～ということをお含みおきください

前述のとおり、「お含みおきください」は、「知っておいてください」という意味。大人の会話では「〝大人の事情〟があることを承知しておいてください」という意味で使われるフレーズです。「事態が流動的であることをお含みおきください」や「油断できない相手であることをお含みおきください」のように使います（P96参照）。

□ご挨拶だけでも　ご挨拶だけでもと思い、伺いました

「ご挨拶だけでも」は、相手と短時間でも会いたいときに、面会を申し込むための言葉。「近くまでまいりましたので、ご挨拶だけでもと思い、伺いました」のように使います。

□**公私にわたり**

公私にわたり、お世話になっています

「公私にわたり」は、仕事でもプライベートでも、という意味。「公私にわたり、お世話になっています」、「公私にわたるご活躍」など。「公私ともども」も、同じように使える言葉です。

□**○○の誼《よしみ》で**

昔の誼で、よろしくお願いいたします

「誼」は、ゆかりや縁を意味する言葉。「昔の誼で」、「ご近所の誼で」、「同窓の誼で」など、「○○の誼で、よろしくお願いします」と、人の縁を頼るときに使う言葉です。

□**幸甚《こうじん》です**

していただければ幸甚です

「幸甚」は「幸い甚だし」と書くように、何よりの幸せという意味。「幸甚です」は「幸いです」の大人度の高い言い換えです。とりわけ、手紙やビジネスメールなどで、「〜していただければ幸甚です」の形で使うことが多い言葉。

□何よりです

お目にかかれて何よりです

「何より」は、どんなことよりも、という意味。たとえば、入院していた人が無事退院したときには「お元気になられて何よりです」、久しぶりに会った人には「お目にかかれて何よりです」というように使います。

□話は尽きない

お話は尽きませんが

「話は尽きない」は、会話が盛り上がって終わらないという意味。大人語としては、辞去するきっかけを作るときに使われます。「お話は尽きませんが、そろそろお暇します」と、辞去する意思を示すことができます。

□ご判断の材料

ご判断の材料になればと思いまして

「ご判断の材料」は、上司や取引先などに、情報を提供するときに使うフレーズ。あくまで判断するのは相手のほうと立てることで、押しつけがましくなく、情報を提供できます。一方、目上に対し、「参考になればと思い〜」というのは、上からものを教えるようで、いささか失礼に聞こえます。

□新たな決意

新たな決意でのぞむ所存です

「新たな決意」は、転職したときや社内で部署が変わったときなどの挨拶で、よく使われる言葉。「新たな決意で臨む所存です」など、決意表明によく使われます。

□仕事抜き

たまには、仕事抜きでお付き合いください

「たまには、仕事抜きで」は、仕事相手を接待やゴルフに誘うときに使うフレーズ。「○○さんとは、一度、仕事抜きでゆっくりお話したいと思っていたんですよ」などと、相手に対し、仕事相手としてだけでなく、人間としても付き合いたいという気持ちを表明する言葉です。

■これが「忙しいところ」のバリエーション

□お忙しいところ

お忙しいところを申し訳ございません

仕事中の上司に話しかけるときは、単に「忙しいところ〜」というだけでは不十分。「お忙しいところを」と丁寧な表現にしたうえ、「申し訳ありませんが」と続けたいもの。

□ご繁忙

ご繁忙のみぎり

「ご繁忙」は、用事が多くて忙しい、つまりは繁盛しているという意味。案内状などで、「ご繁忙のみぎり」という形でよく使われる言葉です。なお、「みぎり」は漢字では「砌」と書き、「頃」や「折」という意味。「御用繁多なみぎり」も、同様に案内状でよく使われる言葉です。

□お取り込み中

お取り込み中、恐れ入ります

仕事中の人に話しかけるときには、「お忙しいところ～」と声をかけるのが大人社会のルールですが、本当に忙しそうにしている人には、「お取り込み中」のほうがしっくりきます。「お取り込み中、失礼いたします」、「お取り込み中、恐れ入ります」というように。

□ご多忙中

ご多忙中にもかかわらず

「ご多忙中」は、「お忙しい中」を熟語化した言葉。「ご多忙中にもかかわらず、ご出席いただき、ありがとうございます」、「ご多忙中、お運びいただきまして」など、人を出迎えるときの社交辞令によく使われる言葉です。

■一枚も二枚も上手と思われる言葉

□忌憚《きたん》のない

忌憚のないご意見

「忌憚」は忌み憚ることで、「忌憚のない」は遠慮がないという意味になります。「忌憚のないご意見をお聞かせください」は、人に率直な意見を求めるときの定番表現。改まった会合では、「遠慮なく、ご意見をどうぞ」というよりも、このフレーズを使ったほうが、場の雰囲気にぴったりくるはずです。

□やぶさかではない

協力するのにやぶさかではありません

「やぶさか」は、物惜しみをする気持ちのこと。それを打ち消した「やぶさかではない」は、「〜する努力を惜しまない」、「喜んで〜する」という意味になります。たとえば、「協力するのに、やぶさかではありません」は、「喜んで協力します」をより重々しく表せるフレーズです。

□憚《はばか》りながら

憚りながら言わせていただきます

「憚る」は、気兼ねする、遠慮するという意味の動詞で、これが副詞化したのが「憚りながら」。本来なら遠慮すべきかもしれないが、あえて口にするときの前置きとして使われています。たとえば、目上に意見するときや自慢話をする際に、「憚りながら申し上げます」、「憚りながら私にも同じような経験があり〜」などと使います。

□潔《いさぎよ》しとはしない

そのことは潔しとはしません

「潔しとはせず」は、自分の誇りや良心が許さないという意味。自分の信条や立場を明らかにして、物事を断るときに使う言葉です。「人の悪口を言うのは、私は潔しとはしませんので」などと繰り出します。

□○○さんらしくもない

○○さんらしくないですよ

人の失敗や心得違いを指摘するときには、言葉の選び方に注意を払いたいもの。これは、やんわり注意するための定番フレーズです。「～らしくもない」といえば、相手の能力や態度を認めていることが前提になるので、相手のプライドを傷つけることなく、注意することができます。「そんな言い方は、○○さんらしくないですよ」、「大事な日に遅刻するなんて、○○さんらしくないですよ」のように使います。

□～を以《もっ》てしても

○○さんを以てしても、

「～を以てしても」は、失敗を材料にしながら、相手を持ち上げることのできる言い方。「○○さんを以てしても、達成できない目標とは」といえば、○○さんのような能力がある人でも、達成することができない高い目標という意味になります。

□なにはともあれ　　　なにはともあれ、よかったじゃないですか

「なにはともあれ」は、他のことはどうあろうとも、という意味。「なにはともあれ、丸くおさまって幸いです」のように、結果オーライだったことをポジティブに評価するときによく使われる言葉です。

2 仕事のプロっぽく聞こえる「大人語」

■思わずうなる言い方

□**軟着陸**　　**軟着陸させたいものです**

「軟着陸」は、もとは、宇宙船が衝撃を受けないように、減速しながら静かに着陸することをいいます。それが慣用句化して、ビジネスでは、強引に決着させるのではなく、根回しを十分にして落としどころを見つけ、誰も大きな傷を負うことなく、決着させるという意味で使われている言葉。英語でいえば、ソフト・ランディングです。

□瀬踏み

先方の意向を瀬踏みしたところ

「瀬踏み」は、川を渡る前、瀬の深さをあらかじめ調べておくこと。そこから、物事を行う前に、かるく打診することを意味します。事前に交渉の成否の感触をつかもうと、相手に接触することが、ビジネス上の「瀬踏み」といえます。

□温度差

両者には、かなりの温度差があるようです

「温度差」は、考え方に開きがあることのたとえとして使われる言葉。「考えに開きがある」というより、「温度差がある」といったほうが、意見に相違があることを婉曲に伝えられます。「両者の見方には、相当の温度差があるようです」など。

□かたちにする

その話、一度かたちにしてくれませんか

「かたちにする」は、まとまりのある形、わかりやすい形にするという意味で使われる言葉。たとえば、ビジネスのアイデアを口頭で伝えた際には、その案を企画書にすること。商品開発の場合は、叩き台になるくらいの商品見本をつくることを意味します。

□自重

自重されたほうがいいですよ

「自重」は、行いを慎むこと。冷静さを欠いている人に対しては、「今回は、自重されたほうがいいと思いますよ」などと、注意を促すもの。

□失念

ご多忙のため、ご失念かと存じますが

「失念」は、うっかり忘れること。「忘れていませんか」といいたいときでも、「ご多忙のため」という言葉を添えながら、「ご多忙のため、ご失念かと存じますが、いかがでしょうか」という程度には、丁寧に指摘するのが大人の日本語。

□立つ瀬

それでは、私の立つ瀬がございません

「立つ瀬」は、自分の立場や面目のことで、大人の会話では、「立つ瀬がない」という形で使います。「私の立つ瀬がございません」は、「こちらの立場も考えてよ」を大人語に言い換えた言葉。相手の言動によって、こちらが立場や面目を失ったとき、あるいは失いそうなとき、抗議するために使います。

■仕事の会話に欠かせない大人の熟語

□鋭意

鋭意、努力しております

仕事上の会話のため、心得ておきたい熟語が多数あります。この項では、その代表例を紹介しましょう。「鋭意」は、気持ちを集中させ、一生懸命取り組むという意味。目上や取引先から仕事の進捗状況を尋ねられたときには、「鋭意、努めております」、「目下、鋭意、作業中です」などと答えるもの。「一生懸命、やってます」では、子どもの返答です。

□重々《じゅうじゅう》

重々、承知しております

「重々」は、「十分に」を大人語化した言葉。「重々、承知しております」、「ご事情、重々お察しします」、「重々、言い聞かせているのですが」などと使うと、言葉に〝重み〟を加えることができます。

□十二分

もう十二分にしていただきましたので

同様に、「十二分」も「十分」を強調する言葉。「十二分の出来」といえば、「まったくもって十分な出来」という意味になります。また、「もう十二分にしていただきましたので」といえば、それ以上の親切や世話を遠慮するときに使うことができます。

□僭越《せんえつ》

まことに僭越ですが

「僭越」は、自分の身分や立場を越えて、出すぎた真似をすること。大人語としては、目上の人がいるなかで、発言する際のエクスキューズ用に使います。「まことに僭越ですが」、「僭越ながら、申し上げます」のように。

□感服

感服いたしました

「感服」は、深く感じて敬うこと。「さすが！」を言い換える大人語といえ、「感服いたしました」、「感服するほかはありません」などと使います。

□光栄　お目にかかれて光栄です

「光栄」は、名誉、誉れのことで、目上への敬意を表すため、さまざまな場面で使える熟語。初対面のときには「お目にかかれて光栄です」、ほめてもらったときには「おほめの言葉を頂戴し、光栄です」というように。

□恐縮　おほめにあずかり、恐縮です

「恐縮」に「縮」という字が使われているのは、身を〝縮める〟ほどに恐れ入ることから（Ｐ127参照）。さまざまな場面で使える熟語で、「おほめにあずかり、恐縮です」、「ご迷惑をおかけし、恐縮しております」、「まことに恐縮ですが」のように用います。ただし、この言葉が表すのは〝軽い感謝〟なので、特別に世話になったときには不似合いな熟語です。

□仄聞《そくぶん》　仄聞するところによれば

「仄聞」は、仄かに聞くという意味で、噂などを人づてに少し聞くこと。大人語では、「仄聞するところによりますと」という形で、話の前ふりに使います。「仄

聞するところによりますと、A社の社長が交代するようです」のように。

□苦慮

苦慮している次第で

「苦慮」は、単に困ることではなく、苦心してさまざまに考えること。「どうしたらいいか、考えているところです」は、「いかがしたものか、苦慮している次第です」と言い換えると、大人語になります。

□窮状

なにとぞ窮状をお察しいただき

「窮状」は、困り果てている状態のこと。大人語としては、人に頼みごとをする際に、「窮状をお察しいただき～」という形で使います。たとえば、借金を申込むときには、「窮状をお察しいただき、ご融資いただければ幸いです」というように。

□盛会

ご盛会ですね

パーティなどに参加したときには、主催者や誘ってくれた人に対し、「ご盛会ですね」と一言声をかけるのが、大人の社交辞令。また、欠席通知や欠席メールを送るときには、「ご盛会をお祈りします」と一言添えるのが、大人の〝欠席マナー〟です。

□自負　という自負があります

「自負」は、自分の能力などに自信を持ち、誇らしく思うこと。大人語としては、「～という自負があります」という形で、自らの力をアピールするときに使います。「するだけのことはしてきたという、自負はあります」というように。

□有り体《てい》　有り体にいえば

「有り体」は、ありのまま、いつわりのないところという意味で、「有り体にいえば」は「ぶっちゃけていえば」を大人語に言い換えた言葉。おおむね、このフレーズの後ろには、ふだん口にしにくいことを続けます。

□私事　私事で恐縮ですが

「私事」は「プライベート」のこと。「プライベートの話なんですけど」は、「私事で恐縮ですが」と言い換えることができます。後者は、大人がプライベートについて話すときの常套句です。「しじ」とも読みますが、会話では「わたくしごと」と言ったほうが、相手に伝わりやすいでしょう。

■〝大人の事情〟を匂わせる言い方

□内輪の事情

内輪の事情がありまして

「内輪」は、社内、家族内、仲間内のことで、「内輪の事情」は外部には知られたくない内部事情のこと。「恥ずかしいお話ですが、多少、内輪の事情がありまして」のように用います。

□直接のお答え

直接のお答えになるかどうかわかりませんが

「直接のお答え」は、答えにくい質問をはぐらかすときに使う言葉。「直接のお答えになるかどうかわかりませんが」と前置きして予防線を張れば、質問者の不満を多少はおさえることができるかも。

□頃合い

頃合いを見計らって、

「頃合い」は、適当な時期、いいタイミングといった意味。「頃合いを見計らって、上に話しておきます」、「頃合いを見て、撤収します」などと用います。「時期」や「タイミング」よりは、やや大人っぽく聞こえる言葉です。

□腹づもり

当方の腹づもりとしては

「腹づもり」は覚悟、気持ちのことですが、仕事の場面では「計画」や「予定」の意味でも使われています。「当方の腹づもりとしては〜」のように。計画や予定というよりも、「腹づもり」を使ったほうが大人っぽく響きます。

□あらまし

あらましは○○から伺っています

「あらまし」は、「だいたいの事情」のこと。「今回の一件、あらましは耳にしています」などと使います。大和言葉である分、概要や概略などの漢語よりは、やわらかく響く言葉です。

■言い逃れの〝余地〟を残せる言い方

□原則として　　原則として認める

この項では、相手に〝言質《げんち》を与えないための大人語〟を紹介しましょう。まず、「原則として」としての裏の意味は「例外もある」こと。たとえば、「原則として認める」の真意は、「例外もあるので、認めるかどうかは、今は確約できない」というあたり。現実的には、例外のほうが多くなることも、よくある話です。

□基本的には　　基本的にはOKですが

「基本的には」も、前項の「原則として」と同様の意味で使われる言葉。たとえば、「基本的にはOK」は「100%のOKではない」というのが、その真意。その後の状況により、NGにする余地を残す言い方といえます。「基本的には賛成ですが」、「基本的には承諾いたしますが」のように使います。

□状況次第で

状況次第で、再考することもあるかと

「状況次第で」の真意は、「先のことは、どうなるかわからない」。たとえば、「状況次第で、ＧＯということになると思います」は、「そのときの状況次第なので、今はどうなるかわからない」という意味。今、合意していることがあっても、この言葉が繰り出されると、状況次第で合意が守られるかどうか、わからなくなります。

□ゼロではない

○○のおそれは、ゼロではない

たとえば、「リスクはゼロではない」の真意は、「リスクは意外に大きい」。たとえば、金融商品などに関して、「その可能性はゼロではない」と説明されたときには、相当のリスクがあると覚悟したほうがいいでしょう。

□可能性を否定できない

損害発生の可能性を否定できない

二重否定には、表現を婉曲にする効果があります。「否定できない」はその典型的な使い方で、実質的には「ある」という意味。たとえば、「損害が出る可能性を否定できない」といえば、かなりの確率で損害を被るという意味とみていいでしょう。大人語の〝二重否定〟には、ご用心のほど。

□特段の事情がない限り

特段の事情がない限り、実行するものとします

「特段の事情がない限り」の真意は、「事情が変われば、約束はパーになります」というあたり。たとえば、「特段の事情がない限り、合意にもとづき、実行するものとする」は、事情が変われば、合意を白紙に戻し、実行しないこともありうるという意味。「特段の理由」も同様に使われ、「特段の理由がある場合は、この限りではありません」などと使われます。

□当面の間

当面の間、実施するものとする

「当面の間」の辞書的な意味は「短期間」ですが、大人語としての意味は、短期間とは限りません。期限を定めていないため、中長期におよぶ場合も十分ありえます。とりわけ、官庁の場合など、〝当面の措置〟とされた施策のなかに、半世紀以上も続いているものがあるもの。

□暫定的《ざんていてき》

暫定的な措置として

「暫定的」の辞書的な意味は、「しばらくの間、間に合わせのために」。ところが、これも、期間を定める言葉ではないため、世の中には事実上、恒久化している〝暫定措置〟が少なくありません。

■即答を回避するための「大人語」

□現段階では

現段階では、ありません

「現段階では」は、言質をとられないために使う言葉。たとえば、「現段階では、そうした計画はありません」といえば、将来そういう計画に着手したとしても、「現段階」といった時点では、計画はなかったと言い逃れることができるというわけ。

□現在調査中

現在調査中でございまして

「現在調査中」は、トラブルの原因などについて質問されたときの常套句。この言葉で即答を回避し、時間を稼ぐためのフレーズです。「現在、詳細を確認中」も同様に使えるほか、近頃は「精査の後」もよく使われるようになっています。「現在、調査中でございまして、第三者委員会による精査の後、ご回答申し上げます」というように。

□申し上げる立場にない

申し上げる立場にないので

答えにくい質問に回答拒否するために使う言葉。たとえば、政治家や官僚は、自分の直接的な職掌や役割ではないことについて質問されたとき、このフレーズを多用します。「コメントする立場にない」も同様に使われている言葉。

□現在係争中

現在係争中の案件ですので

訴訟中の案件について質問されたときに、回答を拒否するためのお定まりのフレーズ。「現在係争中の案件でございますので、回答は留保させていただきます」のように使います。また、訴えられたことへの感想を求められたときは、「まだ訴状を見ていないので、ご回答を控えさせていただきます」が回答拒否のための定番フレーズ。

□担当者が不在のため

担当者が不在のため、お答えいたしかねます

大人社会では、質問されて、すぐには答えられないとき、いろいろな〝言いわけ〟が使われています。これは、その典型的なセリフ。とりあえず時間を稼ぐため、「あいにく担当者が不在のため、詳細はお答えいたしかねます」のように使います。

□追ってお知らせする

委細は、追ってお知らせいたします

質問に答えないとき、相手に不満を抱かせないように、フォローする言葉。「目下、調査中です。委細は、追ってお知らせいたします」のように使います。

□再検討

再検討後、ご連絡いたします

「再検討」は、事態を一度ストップさせるための大人語。たとえば、「再検討してから、ご連絡いたします」のように、即答を避け、時間を稼ぐために使われています。

■大人のケンカで使われる言葉

□為にする議論

それは、為にする議論ではありませんか

「為にする議論」は、下心や何かの狙いがあって、あえてする議論のこと。裏に何らかの思惑、策謀がありそうだという意を含みます。

□余りといえば余り

余りといえば余りなお話

「余りといえば余り」は、扱い方や方法が度を越してひどいさまを表します。「余りといえば余りな仕打ち」、「余りといえば余りなお話」が、よくある使い方です。

□甘い

見通しが甘くはないですか

ビジネスで使う「甘い」は、味の甘さとはまったく意味が違う言葉。「切り口が甘い」、「見通しが甘い」、「考え方が甘い」など、「よろしくない」の言い換えとして使われています。なお、骨董の世界で「あまい」といえば「贋作」という意味です。

■怒らせないように反論するためのキーワード

□名案

名案ですね

「名案ですね」は、むろんほめ言葉としても使えますが、その一方、反対意見の前置きとしても使えます。「名案だと思います。ただし、現実的には～」というように、いったん「名案」と持ち上げると、相手の怒りを買うリスクを軽減できます。

□考える余地

まだ考える余地があると思うのですが

「考える余地」は、相手の意見や案に対し、婉曲にダメ出しする言葉。ほかに、「気になるところがあるのですが」、「何かが足りない感じがするのですが」、「今ひとつ、すっきりしない部分があるのですが」なども、同様に使える婉曲なダメ出しです。

□誤解があるよう

少々誤解があるようですが

相手の間違いを指摘するとき、「おわかりになっていないようですが」などというと、ケンカになりかねません。「誤解」という言葉を選び、語尾に「が」をつけて、非難がましさを弱めて伝えるのが、大人の物言いというもの。

□違った角度から

違った角度から考えてみると

「違った角度から考える」は、会議などで、新しい視点から反論するときに使う言葉。実践的には、「違った角度から考えてみますと」と前置きし、原案の弱点などを指摘して〝婉曲に反対する〟場合に使います。

□お言葉を返す

お言葉を返すようですが

「お言葉を返すようですが」は、最も一般的な反論用の前置き。きつい言葉で反論すると、売り言葉に買い言葉のようになり、話がこじれかねません。そこで、まずは「お言葉を返すようですが」と丁寧に切り出すのが得策。

□**申し上げにくい　たいへん申し上げにくいのですが**

「申し上げにくい」といいながら、ものを言うための前置き。たとえば、相手に非があるとき、その点を指摘する前に、「たいへん申し上げにくいのですが」と前置きすれば、相手をムッとさせるリスクは少なくなるでしょう。

■言質を与えない方法は、政治家・官僚に学べ

□**対応を協議する　対応を協議しております**

お役所言葉で、「対応を協議するものとする」というと、「これから会議にかけるので、今はまだ何も決まっていません」という意味。「目下、対応を協議中ですので、しばしご猶予のほどを」などと使われますが、このフレーズの中身は「協議する」ことだけで、何かを実施するとはいっていないところがミソ。

□**早急に対策を練る　早急に対策を練り、速やかにご報告申し上げます**

これも、前項と同様で、言葉の中身は「対策を練る」ことだけで、何かを実行す

るという言質は与えていないフレーズ。「早急に対策を練り、速やかにご報告申し上げます」などと使われます。

□前向きに検討する　前向きに検討させていただきます

国会答弁で、最も多用されてきた言葉。この言葉で明言しているのは「検討する」ことだけであり、実質的には「何もしない」という意味で、長年使われてきました。ただし、あまりに手垢がつきすぎたので、今、一般社会で使うと、「国会答弁じゃないんだから」と相手を辟易させることになるかもしれませんが。

□最大限努力する　最大限努力いたします

「最大限」という言葉を使いながらも、「実現させる」や「成果を出す」とはいっていないところが、この言葉のポイント。お役所関係に限らず、おおむね大人社会で「努力する」という言葉が出てきたときは、口約束に終わることが多いと覚悟したほうがいいでしょう。

□所要の措置を講じる
即刻、所要の措置を講じます

このフレーズのミソは「所要の」。具体的な内容は述べていないので、どのような措置を取るかは、フリーハンドという意味になります。「即刻、所要の措置を講じます」と言い切っても、中身に関しては言質を与えないですむフレーズです。

□厳粛に受け止める
厳粛に受け止めております

批判などに対し、「～という声を厳粛に受け止める」などと使う言葉。「真摯《しんし》に受け止める」も同様の意味ですが、ともに批判に対し、改善措置を講じるとはいっていないところがミソ。謝罪会見などでは、実質的には「申し訳ないとは思いますが、法的な責任は認めません」という意味で使われているフレーズです。

□総合的に判断した結果
事態を総合的に判断した結果です

これは、判断の根拠を問われた際、具体的な理由は何も述べずに、とりあえず答えた形にするための言葉。「その判断の根拠は？」と問われたとき、「事態を総合的に判断した結果です」などと、相手を煙に巻くために使われています。

3　社会人なら、どうしても覚えておきたい言い方

■言葉の〝ギア・チェンジ〟を図るには？

□お客↓お得意様　　長年のお得意様でございます

「お客様」というよりも、「お得意様」といったほうが、相手を尊重する気持ちをよりはっきりと表すことができます。「○○様は、開店来のお得意様でございます」のように。

□客種↓客筋、客層　　客筋のいい店

「客種《きゃくだね》」は、お客を年齢や職業などで区別した種類のこと。「客種が悪い店」など

と使いますが、いささか品のない言葉なので、「客筋」や「客層」と言い換えたほうがいいでしょう。

□ひいき↓ご愛顧

ご愛顧のほど、よろしくお願い申し上げます

「ひいきにしてください」というより、「ご愛顧のほど、よろしくお願い申し上げます」といったほうが、はるかに丁重に聞こえます。

□手紙↓封書

封書にてご応募ください

封筒入りの郵便物は、プライベートでは「手紙」、ビジネスでは「封書」と表現します。「封書にて、ご送付ください」など。

□案↓叩き台

私案を叩き台にしていただければと

「叩き台」は、検討して改良するための案。自分の「案」を「叩き台」と言い表すと、「私の案」というよりも、へりくだった気持ちを表すことができます。一方、目上の案を「先輩の案を叩き台にして」などというのはＮＧです。

□バランス→兼ね合い　　そのあたりの兼ね合いを勘案しながら

「兼ね合い」は、二つのものが釣り合うことで、「バランス」よりも大人度の高い言葉。仕事の場面では、「そのあたりの兼ね合いを勘案しつつ～」という形で使われています。

□表沙汰→表面化　　問題が一気に表面化する

「表沙汰になる」というと、いかにもそれまで水面下で悪事を働いていたように聞こえてしまいます。「表面化する」といったほうが、まだしも客観的で、ネガティブな意味合いを薄めることができます。

■「あの人」をもっと大人っぽく表現する

□わたし→わたくし　　わたくしとしては

ふだんは「わたし」といっていても、ビジネスでは「わたくし」を使うのが大人の常識。「ぼく」は、もちろんNGです。

□きみ、あなた↓あなた様、そちら様

そちら様のご都合に合わせて

「きみ」や「あなた」は君、貴方と書くくらいですから、もとは尊称でした。ところが、時代を経るにつれて、敬意は薄まり、今は面と向かってそう呼ぶと、失礼になる場合もあります。大人同士のあらたまった会話では、「あなた様」や「そちら様」など、「様」が必要になっています。

□奥さん↓奥様

奥様はお変わりありませんか

「奥さん」よりも「奥様」のほうが、丁重に聞こえます。文章では、やや古風ですが、「ご内室」「ご令室」といった言葉も使えます。

□親↓ご両親

ご両親はお元気ですか

相手の父や母は、「お父様」や「お母様」など、「お～様」の形で表すのが、大人の物言い。文章では、やや古風ですが、「お父上」「お母上」も使えます。

□同行者↓お連れ様

お連れ様がお見えです

「お連れ様」は、相手の同伴者を意味する言葉。とりわけ、男女二人連れが「夫婦」かどうかわからない場合には、こう表現しておくと無難です。

□みなさん↓皆様、皆々様

皆様にもよろしくお伝え下さい

これも、現代の語感では、「様」を使う必要がある言葉。ほかに、「ご一同様」、「ご一行様」という言い方もあります。

□あなたの会社↓御社

御社のご協力あってのことです

「貴社」という言葉もありますが、これは文章専用と心得、会話では「御社」を使ったほうがいいでしょう。「きしゃ」は同音の熟語が多いため、口語では誤解されやすいので。なお、相手の会社が銀行の場合は「御行」か「貴行」、店舗の場合は「貴店」になります。

■仕事ができる人は、こう言い換える①

□妥協→歩み寄り

お互い、歩み寄りが必要ではないでしょうか

「妥協」というと、「不本意ながら」というネガティブなニュアンスを含みます。一方、「歩み寄り」に言い換えると、ネガティブさが消えるうえ、大人の知恵で協調するというニュアンスが生じます。「譲り合い」と言い換えても、同様の効果があります。

□責任の一部→責任の一端

責任の一端は、私にもあると感じています

「責任の一端」は、謝罪用の言葉。「責任の一部を感じています」といえば、無責任に聞こえますが、「責任の一端は、私にもあると感じています」といえば、むしろ責任感があるようにも聞こえます。なお、このフレーズで認めているのは、あくまで「責任の一端」であり、全面的な責任を認めるわけではないという意を含ませることもできます。

□**反対→見解の分かれるところ**　**そのあたりが見解の分かれるところですね**

相手の意見に異を唱えるときは、「どうやら、その辺が見解の分かれるところですね」と切り出すのも一法。ストレートに「反対」というよりも、冷静に考えているように聞こえるもの。

□**野暮用→はずせない用**　**その日は、はずせない用がありまして**

飲み会や会合への誘いを断るときには、親しい間柄なら「その日は野暮用があってね」と断ってもいいでしょう。一方、さほど親しくない相手や目上に対しては、「その日は、はずせない用がありまして」を使うのがベター。

□**もう一度来る→出直す**　**後でまた、出直して参ります**

「出直す」は、会社などを訪問したとき、相手が不在の場合に使う言葉。「後でまた、出直して参ります」などと用います。

□うっかり↓心得違いで

私の心得違いで、ご迷惑おかけしました

謝るときに、「うっかり」は禁句。〝うっかり〟使うと、無責任な言いわけに聞こえて、相手をさらに怒らせることにもなりかねません。本当にうっかりミスであっても、「心得違いで」、「不手際で」、「私の至らなさ」などと言い換えながら、責任回避に聞こえないように謝るのが、大人の頭の下げ方です。

□恥ずかしく↓汗顔《かんがん》の至り

このような事態を招くとは、汗顔の至りです

「汗顔の至り」は、顔に冷や汗をかくほど、恥ずかしく思うことで、謝罪用の成句。たとえば、謝罪文で、「かくなる事態に立ち至るとは、まさしく汗顔の至りです」などと使います。

□適当↓適切

適切な判断だと思います

「適当」は、うまく当てはまるという意味のほか、「いいかげんな」というネガティブな意味にも使われています。一方、「適切」は、否定的な意味に使われることはないので、言い換えると、誤解を招くおそれがなくなります。たとえば、「適当な判断」は「適切な判断」というように。

□妥協点↓落としどころ

ようやく、落としどころが見つかりました

「落としどころ」は、交渉や議論で、妥協し合える着地点のこと。「ようやく落としどころが見つかりました」など（P173参照）。

□面子↓面目、体面

体面にかかわりますので

「面子」で「めんつ」と読むのは、中国式の読み方が残ったため。俗語的なので、「面目」や「体面」に言い換えるのがベター。「面子丸つぶれ」は「面目丸つぶれ」、「面子にかかわる」は「体面にかかわる」のように。

□進行状況↓進捗《しんちょく》状況

進捗状況について、ご報告したいのですが

「進行」も「進捗」も、同じ意味ですが、「進捗」といったほうがビジネスによりふさわしい響きになります。「業務の進捗状況について報告を求めます」など。

□よくわからない状況↓流動的な状況

なにぶんにも、流動的な状況でして

「よくわからない状況」というと、自分の能力が低いため、よくわからないという意味にも聞こえますが、「流動的な状況」というと、（誰から見ても）先行きの見通しにくい状況という意味になります。「なにぶんにも、情勢が流動的でして」などと使います。

□先延ばしにする↓寝かせておく

しばらく寝かせておきましょうか

「先延ばしにする」というと、結論を出す決断力や実行力がないようにも聞こえます。そんなときは、「寝かせておく」を使うといいでしょう。「その企画、しばらく寝かせておきませんか」など。また、「温めておく」という言い方もあり、これもすぐには手をつけないという意味。結果的には、おおむねボツになります。

□いない↓席を外《はず》している

○○はあいにく席を外していまして

電話などで、他の人が在席しているかどうかを尋ねられたとき、「○○は今、いません」と応じるのは、子供の返答。「あいにく、席を外していまして」というのが、大人の受け答えです。

□～のようです↓～とのことです

少々、時間をいただきたいとのことです

仕事で報告・連絡するとき、「～のようです」と伝えると、伝聞情報にも、報告者の推量のようにも聞こえてしまいます。相手の言葉、つまりは伝言であることを正確に伝えるためには、「～とのことです」を使うのが適切。「先方としては、少々、時間をいただきたいとのことです」などと用いれば、相手の意向であることをはっきり伝えることができます。

□忙しくて手が離せない↓取り込む

いま、取り込んでおりますので

「取り込む」は、忙しく、相手をする暇がない状態を表す言葉。予約なしの訪問や突然の電話を断りたいときには、「いま、取り込んでおりますので」といってインターホンや電話を切ればいいでしょう。「今、忙しいんですが」とストレートにいうよりも、相手の反発を買わずに断れます。

□理解する↓汲《く》み取る

どうぞ、お汲み取りください

「汲み取る」は、事情や心情を察することを意味する動詞。「当方の事情も、どうぞお汲み取りください」、「○○さんの真意を、ぜひお汲み取りください」のように、相手に理解を求めるときに使う言葉です。

■仕事ができる人は、こう言い換える②

□（広告の）影響↓効果

効果がありましたね

一般的にいって、肯定的な結果が出たときには「効果」、否定的な結果で出たときには「影響」を使います。たとえば、広告によって売り上げが伸びたときには「広告の効果」、事故によって客足が落ちたときには「事故の影響」というように。

□（数字を）切り捨てる↓数字を丸める

端数は丸められませんか

仕事で「数字を丸める」といえば、多くの場合は四捨五入することではなく、端数を切り捨てること。たとえば、見積書を見たときに「これ、端数、丸められませんか」などと、端数分を値切るために使います。

□ありがち↓差別化ができていない

差別化を考えたいですね

「ありがち」や「特徴がない」「似たりよったり」などは、主観的に聞こえる言葉ですが、「差別化ができていない」というと、多少は客観的な評価や判断に聞こえるもの。

□一つにまとめる↓一元化する

一元化する必要があります

「○○化する」という言い方は、意味が曖昧になるため、なるべく減らしていこうという意見があります。それでも、なかなか減らないのは、簡単に言葉に重みを持たせることができるからでしょう。「一つにまとめる」も「一元化する」と言い換えると、言葉に重みを加えることができます。

□○○がうまい↓○○力がある

○○力がありますね

「営業がうまい」は「営業力がある」、「調査が上手」は「調査力がある」と言い換えたほうが、ほめ言葉としての格調が高くなります。

□○○についてよく知っている↓○○通

○○通ですね

たとえば、「経済についてよく知っている人」は「経済通」、「食に詳しい人」は「食通」と言い換えると、簡潔かつ大人度の高い言葉になります。

□無駄を省く↓歩留《ぶどま》りをよくする

歩留りをよくする方法を考えましょう

「歩留り」は、使った原料の量に対する生産品の量の比率。そこから、「歩留りがいい」は効率がいいことを意味します。「無駄を省く」や「能率を上げる」よりも、「歩留り」を使ったほうが、仕事ができそうに聞こえるもの。

□タイミングのいい↓時宜《じぎ》にかなった

時宜にかなった企画ですね

「時宜」は、その時にふさわしいという意味の言葉で、「時宜にかなう」や「時宜を得る」が定番の使い方。「時宜を得たアイデア」などと使います。

□敵↓ライバル

いいライバルですね

競争相手を「敵」と表現しては、身もふたもありません。「ライバル」と言い換えると、いい意味で互いを高め合う競争相手という意味になります。「好敵手」という熟語に言い換えてもいいでしょう。

第4章

その状況で一番ぴったりの言葉が見つかります

1 「質問」「説明」「お願い」が上手い人の言葉の作法

■「質問する」「お願いする」ときの前置き

□後学のため

後学のために、お伺いしたいのですが

「後学のため」は、本筋から離れたことを質問するときの前置きです。「後学のために、お聞きしたいのですが」、「後学のために、伺いたいのですが」のように使います。

□参考まで

参考までお伺いしたいのですが

「参考まで」も、本筋から離れた質問をするときに使う言葉。「参考までお伺いしたいのですが」のように使います。また、本筋からはずれた説明を加えるときにも使えます。「ご参考まで、付け加えますと」、「ご参考まで、紹介させていただきます」というように。

□いつも頼ってばかり

いつも頼ってばかりで、申しわけありません

「いつも頼ってばかり」は、ふだんから世話になっている人に対し、新たに頼み事をするときに使うフレーズ。「いつも頼ってばかりで、申し訳ないのですが」といいながら、本命の用件を切り出します。「いつもお願いばかりで」も同じように使えるフレーズです。

□そこを枉《ま》げて

そこを枉げてなんとか

この「枉げて」は、原則やルールからはずれることを意味し、「ぜひとも」という意味。「そこを枉げて」は懇願するときに使う言葉で、「そこを枉げて、お願いいたします」のように使います。

□伏《ふ》して

伏してお願い申し上げます

「伏して」は、畳に額をこすりつけるように伏せる状態を意味し、懇願するときに使う言葉。「伏して、お願い申し上げる次第です」などといいながら、頭を深々と下げます。

■どういう「お願い」かわかりますか

□勝手なお願い

まことに勝手なお願いで

「勝手なお願い」は、頼みごとをするときの定番フレーズ。「まことに勝手なお願い」などと恐縮しながらも、実際には「すいませんが」程度の軽い意味で使われています。「まことに勝手なお願いですが、週末までにアップしていただけないでしょうか」、「勝手なお願いですが、ご足労願えないでしょうか」のように。

□身勝手なお願い

身勝手なお願いとは承知しておりますが

前項の「勝手」に「身」がつくだけで、意味はかなり違ってきて、こちらは借金の申し入れや仕事の延期など、かなり面倒な依頼にも使われています。「身勝手なお願いとは承知しておりますが、お話をいったん白紙に戻していただけないでしょうか」のように。

□ぶしつけなお願い

ぶしつけなお願いで恐縮ですが

「ぶしつけ」は、不作法や無礼という意味で、「ぶしつけなお願い」は、さほど親しくない相手に対して何かを頼むときに使うフレーズ。「ぶしつけなお願いですが、一度お目にかかれないでしょうか」のように。

□折り入ってのお願い

折り入ってお願いしたいことがあるのですが

「折り入って」は、特別に人に頼みごとをする際に使う言葉で、「折り入ってのお願いですが」のように使います。「これから重大な相談をするので、そのつもりで聞いてほしい」と予告するような、ニュアンスを含む言葉です。

■遠まわしに要求・説明するときの言葉

□急《せ》かすようで

急かすようで申し訳ないのですが

「急かすようで」は、人に対して催促するときに使う言葉。「急かすようで申し訳ないのですが」と表現を和らげながら、急かすのが大人の物言いです。

□催促がましい

催促がましいようですが

「催促がましい」は、約束の日時を過ぎているときに使う言葉。「催促がましいようですが」と前置きしてから、本題を持ち出します。要するに、返事や返金は「まだですか?」という意味。

□何かの間違い

何かの間違いではないかと

相手の間違いをあからさまに指摘すると、怒りを買いかねなません。そこで、「何かの間違いではないかと、思うのですが」などと、婉曲に切り出すのが大人の口の利き方です。

■丁重に頼みたいときの言葉

□お手数をおかけする

お手数をおかけして、申しわけありません

「お手数をおかけする」は、何かをしてくれる人に対して、申し訳ないという気持ちを表す言葉。「お手数をおかけして、恐れ入ります」のように使います。なお、「お手数」の読み方は、「おてかず」でも「おてすう」のどちらでもＯＫです。

□お手をわずらわせる

お手をわずらわせて、申し訳ありません

「お手をわずらわせる」は、意味は前項同様ですが、敬語としてのレベルを高めた表現なので、目上にはこの語を使うといいでしょう。なお、「わずらわせる」の部分で〝噛みやすい〟ので、ご注意のほど。「お手間をとらせる」も同様に使える言葉なので、実践的にはこちらを使ったほうが、〝噛む〟おそれは少ないかも。

□お時間を頂戴する

少々、お時間を頂戴できないでしょうか

相手に時間をさいてもらいたいときは、謙譲語の「頂戴する」を使い、「お時間を頂戴できないでしょうか」というと、過不足のない敬語になります。「一度、ゆっくりお時間を頂戴できないでしょうか」のように使います。

□忍びない

○○ばかりで、忍びないのですが

「忍びない」は、耐えられないという意味。大人語では「いつもお願いばかりで、まことに忍びないのですが」のように、「忍びない＝耐えられない」といいながらも、頼みこむために使う言葉です。

□お使い立てする

お使い立てして申し訳ありませんが

「お使い立てする」は、人を「使う」ことを敬語化した言葉。人に用事を頼むとき、「これやっといてもらえますか？」では、いかにもぞんざい。相手に時間を割いてもらうのですから、「お使いだてして申し訳ありませんが」と辞を低くして頼みたいもの。

□お手すき
お手すきの折りにでも

「手すき」は、仕事がなくて暇なこと。人に対しては「お」をつけて使い、「お手すきの折りにでも」は、急ぎではない仕事を頼むときの定番フレーズ。「暇なときに」と同じ意味ですが、相手に対して「暇」というのは失礼。「お手すきの折りにでも、お願いします」といえば、相手をムっとさせることはないでしょう。

□お力添え
お力添え願えますか

「お力添え願う」は、人に手伝ってもらいたいときに使うフレーズ。単に「ご協力ください」というより、「私だけでは力不足なので、あなたの力を貸してほしい」という、へりくだった印象を与えることができます。「お力添えくださいますか」、「お力添えいただけますか」などと、変化をつけて使えます。

□ご一考
ご一考いただけないでしょうか

「ご一考」は、人に考えてほしいことがあるときに、使うフレーズ。「考えてくれませんか？」では敬意が含まれていないので、「考える」を「ご一考に」にかえ、謙譲語の「いただく」を加えると、適切な敬語になります。「ご一考いただければ幸いです」など。

□ご猶予 **しばし、ご猶予いただけないでしょうか**

「ご猶予」は、締め切りや期日を延ばしてほしいときに使うフレーズ。「お借りしたお金、しばしご猶予いただくわけには、まいりませんでしょうか」のように、「ご猶予」「いただく」「まいる」と敬語を複数折り込めば、期限を守れないことへのお詫びの気持ちを丁重に表せます。

□ご善処 **ご善処いただきたく、お願い申し上げます**

「善処」は、物事をうまく処理することで、「ご善処いただきたく、お願い申し上げます」は、相手にしかるべき処置をしてほしいときに用いるフレーズ。婉曲にクレームをつける場合にも使えます。

□切に《せつ》
切にお願い申し上げます

「切に」は、「ぜひとも」や「ひたすら」という意味で、ここ一番、重要な頼みごとをするときに使う言葉。「身勝手なお願いとは承知しておりますが、切にお願い申し上げます」などと使います。

□お取りなし
よろしくお取りなし、お願いいたします

「取りなす」は、仲裁する、仲直りさせるという意味の言葉。「○○さんのお怒りを買ったようです。よろしくお取りなしのほど、お願いいたします」など、トラブルの仲裁を頼むときに使います。

□お心当たりがあれば
適当なお心当たりがあれば

「お心当たりがあれば」は、就職や縁談の紹介を頼むときに使う言葉。「適当な人（会社、場所）があれば、ご紹介ください」という意味で、「適当なお心当たりがあれば、ぜひご紹介お願いします」などと頭を下げるもの。

□お知恵を拝借する

お知恵を拝借したいのですが

「お知恵を拝借する」は、仕事関係からプライベートまで、さまざまな場面で、人に相談を持ちかけるときに使うフレーズ。「お知恵」「拝借」ということによって、「知恵のあるあなたに、ぜひ教えていただきたい」という意味を含ませることができます。

□相談できる方

ほかに相談できる方もなく

「ほかに相談できる方もなく」は、相談をもちかける際、「頼れるのはあなただけ」という気持ちや事情を伝えるための定番のフレーズ。こう下手に出れば、相手は悪い気はしないはずで、多少の無理は聞こうかという気持ちにさせられるもの。

■依頼を引き受けるときの言葉

□おやすい御用

おやすい御用です

「おやすい御用」は、さほど難しくない案件を頼まれたときに応じるフレーズ。

「これくらいの仕事なら、いつでもOKです」という意味を含むので、相手に負担を感じさせない返事といえます。取引先や先輩に対して使うと、相手への好意を表すこともできます。

□願ってもない

願ってもないことです

「願ってもない」は、自分にとっても有利な話を持ち込まれたときに応じる言葉。「願ってもないお話です」と応じれば、単に「いい話ですね」というよりも、乗り気であることを伝えられ、その後の話をスムーズに進めやすくなります。

2　「断る」「謝る」「言い訳する」なら、こんな言い方

■「断る」を大人の言い方に変換する

□いたしかねます　　お引き受けいたしかねます

お客の要望に対し、「できません」というのは、大人としては最悪の返事。結果的に同じ意味でも、「いたしかねます」と応じると、自分の本意ではないが、規則上などの理由から、しかたがないというニュアンスを含ませることができます。

「賛成いたしかねます」、「同意いたしかねます」、「承服いたしかねます」のように、反対の意思を表す場合にも使えます。

□添いかねる

ご希望に添いかねる

これも、前項と同様、相手の要求や期待に応えられないときに使う言葉。たとえば、求職者に採用できない旨を伝える書面で、よく使われています。「貴意に添いかねることをご容赦ください」というように。

□見送る

今回は見送らせてください

「お断りします」というと、相手との縁を切ることになりかねませんが、「見送る」といえば、「次の機会には可能性がある」という意味を含ませることができます。「申し訳ありませんが、今回は見送らせてください」のように使います。

□ご意見として承る

ご意見として承っておきます

見当違いの意見や要求、クレームなどに対し、「それは、あなたの勝手な意見でしょ」などと反論するのは、大人の対応とはいえません。実質的には同じ意味でも、「ご意見として承っておきます」と応じ、「貴重なご意見をありがとうございました」と続ければ、大人の対応になります。

■スマートに誘いを断るにはコツがいる

□先約

あいにく、先約がありまして

飲み会やパーティなどを断るときには、「あいにく先約がありまして」というのが、大人の方便。「先約って何があるのですか?」と聞き返してくる人は、大人社会にはまずいません。一方、似ている言葉でも、「あいにく多忙なので出席できません」というのは禁句。「多忙」という理由がえらそうに聞こえ、その後の人間関係にヒビが入りかねません。

□動かせない予定

動かせない予定が入っておりまして

「先約がある」を言い換えた言葉。それが本当でも方便でも、「あいにく動かせない予定がありまして」と、申し訳なさそうな表情を浮かべながらいえば、すんなり断れるもの。

□立て込む

あいにく、当日は仕事が立て込んでおりまして

「仕事が立て込む」は、仕事がいろいろあって忙しいという意味の言葉ですが、「多忙」というよりは、謙虚に響きます。平日の誘いを断るときには、仕事を理由にするのが得策で、「あいにく、当日は仕事が立て込んでおりまして」と断れば、無理強《じ》いされることもないでしょう。

□出張の予定

出張の予定がありまして

仕事を理由にする場合には、「あいにく、出張の予定がありまして」というフレーズもよく使われています。出張にかこつければ、休日の誘いを断ることもできます。ただし、このセリフは、相手とばったり会うおそれがある場合には使えないので、ご留意のほど。

□あいにく

あいにく、その時期はスケジュール的に難しいようで

以上の代表的な断りのフレーズに共通することは、いずれも「あいにく」で始めたほうがいいこと。「あいにく」は、「(期待や目的にはずれて) 折悪しく」という意味で、大人の断りフレーズに欠かせない言葉といえます。「あいにくですが」、「まことにおあいにくさまですが」という使い方もできます。

□急な差支《さしつか》え

急な差支えができまして

これは、ドタキャン用の言葉。「まことに申し訳ないのですが、急な差支えができまして」と、一度は使うことができるでしょう。ただし、二回以上使うと、その後誘ってもらえなくなるかもしれませんが……。

□次の機会

次の機会を楽しみにしています

「次の機会に」は、今回の誘いを断るときの常套句。たとえば、「次の機会を楽しみにしています」といえば、「あいにく今回は参加できませんが、次回は参加しますので、また誘ってください」という意味になります。人間関係を続けるためのエクスキューズを含ませることのできる言葉です。

■断る理由に迷ったときのキーワード

□会社の方針で

会社の方針でして

「会社の方針」を盾にすると、「私の一存では無理」であることを伝えられ、「そこを何とか」と粘ってくる相手に対しても断りやすくなります。たとえば、贈答品に対し、「会社の方針で受け取れないことになっております」といえば、相手の気分を害さずに断ることができるでしょう。

□物理的に無理

物理的に無理なようです

「物理的に無理」は時間、人員、能力などの制約から、不可能という意味。こういえば、自分の好き嫌いで引き受けないわけではないという意味を込められます。ただし、無愛想な表現ではあるので、取引先などに対しては使わないほうが無難でしょう。

□出かける時刻

もう出かける時刻ですので

自宅に来たセールスなどを断るには、この言葉が便利。長電話を切りたい場合にも使えます。「すみません。そろそろ出かける時刻ですので」といえば、その含む意味は相手にもわかるはず。

□手が放せない

今、手が放せないものですから

簡単な仕事を頼まれたときなどに、「今、忙しいので」と断るのは、かなり失礼な物言い。「今、手が放せないものですから、申し訳ありません」というのが、大人の会話用のフレーズです。

□足手まとい

足手まといになるといけませんので

会合や催し物への誘いを断るときは、「足手まといになるといけませんので」というと、断る理由を「自分の能力」のせいにできます。その分、相手の感情を害すことはないでしょう。

□当方の事情
当方の事情をおくみとりください

取引先などからの要求に対して、「できません」「不可能です」「無理です」と応じるのは、大人の対応といえません。「当方の事情もおくみとりください」といえば、当方にとって無理な要求であることを婉曲に伝えることができます。

■断る言葉を婉曲にするキーワード

□ご縁がない
ご縁がなかったようです

「ご縁がなかった」は、婉曲に断るための大人語。商談や縁談、就職試験の不採用通知など、いろいろな場面で使われています。「縁がなかった」という、いかにも日本的なセリフに「今回、話がうまく進まなかったのは、どちらの責任でもない」という意味を含ませることができます。

□安請け合い
安請け合いしては、かえってご迷惑かと

「安請け合い」は、簡単に引き受けるという意味で、大人語としては「安請け合いすると、かえってご迷惑をおかけはしないかと」のように、人からの依頼を断るときに使います。「かえってご迷惑かと」と自分の能力のせいにすることで、相手の顔をつぶさずに断ることができます。

□あしからず

あしからずご了承ください

「あしからず」（悪しからず）は、相手の意向に添えないことを申し訳なく思う気持ちを表す言葉。「あしからずご了承ください」は断り用の基本フレーズで、さまざまな場面で使えます。「今回は参加できませんが、あしからずご了承ください」のように。ただし、紋切り型の言葉である分、やや冷淡な感じがあるので、目上や取引先には使わないほうがいいでしょう。

□ほかのことなら

ほかのことなら、考えられるかもしれませんが

「ほかのことなら～」は、「この話は無理」であることを婉曲に伝えるフレーズ。「引き受けたいのはやまやまだが、この件に限ってはできない」というニュアンスを込めて、断ることができます。「ほかのことなら、お力になれると思いますが」、「ほかのことなら、何とかなるかもしれませんが」のように、変化をつけて使えます。

□無粋《ぶすい》なことに

無粋なことに心得がなくて

たとえば、ゴルフに誘われたとき、「ゴルフはしないんです」とストレートに告げるのは、それこそ〝無粋〟な返答。同じ断るにしても、「無粋なことに」をつけるだけで、大人の断り文句になります。

□せっかくのお話

せっかくのお話ですが

「せっかくのお話」は、人がもってきた話を断るときの定番フレーズ。たとえば、役職への就任をすすめられたときには、「せっかくのお話ですが、私などには、もったいないお話で」のように、相手の顔を立てながら、断ることができます。「余計なお世話」と思うときにも、「せっかくのお話ですが」と前置きすれば、相手を不快にさせることはないでしょう。

□頼られがいのない

まことに頼られがいのないことで、

「頼られがいのない」は、「自分の能力不足で、期待に応えられない」と謙遜しながら、依頼を断る言葉。「まことに頼られがいのないことで、申し訳ありません」のように使います。謙遜している分、相手からの反発を買いにくいはず。

□今回限り

今回限りということで

「今回限り」は、次回以降は断るという意味を込めて、今回はやむなく引き受ける場合に使うフレーズ。「今回限りということで、お引き受けいたします」のように、「あくまで今回限り、次回はない」ことを伝えるために用います。

■就任を断りたいときのキーワード

□一身上の都合

一身上の都合により、ご辞退させていただきます

「一身上の都合」は、辞表によく使う言葉ですが、役職を頼まれ、辞退するときにも、「一身上の都合により、ご辞退させていただきます」のように使えます。ただし、紋切り型の言葉なので、口語で使うときは、このセリフのあと、多少は事情を説明をしたほうがいいでしょう。

□身分不相応

身分不相応なお話ですから

「身分不相応」は、謙遜しながら、断るためのセリフ。たとえば、見合い話を断るとき、本当は相手のことを気にいらなかった場合でも、「ご立派な方すぎて、私なんかにはも身分不相応に思えて」などと、自分のせいにしながら断るのが、大人の物言いというもの。

□出る幕ではない

私などの出る幕ではありません

「出る幕ではない」は、役職などに推薦された際、断るために使う言葉。この言葉を使うと、自分の能力や年齢のせいにできるので、角を立てずに断れるでしょう。とりわけ、年配者が「今さら、私などの出る幕ではありませんよ」のように使えば、すんなり断れるはず。

□その任《にん》ではない　　とてもその任ではございません

「その任ではない」は「私には無理」という意味の言葉で、役職への就任や保証人を頼まれたときなどに使えます。「自分は、そのような役割が務まる人間ではない」とへりくだることで、相手の感情を害さずに断ることができます。

□お役に立てない　　お役に立てず、残念です

何かの依頼を断ったとき、「お役に立てず、残念です」と付け加えれば、「力になりたいのはやまやまなのですが……」というニュアンスを伝えることができます。

■おさえておきたい「エクスキューズ」の基本語

□よかれと思って　　よかれと思ってしたことなので、

「よかれと思って」は、自分や自分側の人間の言動がトラブルを招いたとき、責任を回避するための言葉。「よかれと思ってしたことなので、ご容赦ください」などと使います。

□想定外

想定外の事態でございまして

トラブルが起きた際、「想定外の事態でございまして」などと使われている言葉。ただし、一時は流行語のように使われて手垢がつき、今では「それくらい想定しておいてくださいよ」と突っ込まれることになるかもしれませんが。

□体調不良のため

体調不良のため、出席できません

「体調不良」は、欠席の理由として、よく使われるフレーズ。この国では「体調」を理由に持ち出されたときは、それ以上追及しないのが、暗黙のルールになっていることを利用する言い方。

□いい意味で

もちろん、いい意味で

悪口に近いことをいったあと、エクスキューズするための言葉。「あなたって慎重な人ですね。もちろん、いい意味で」のように使います。また、「いい意味で下品」、「いい意味で派手」のように、変化をつけたほめ言葉として使う場合もあります。ただし皮肉にしか聞こえないこともあるので、使い方にはご注意のほど。

□○○を差し置いて

「差し置く」は、目上や先輩に対してエクスキューズする言葉。たとえば、先輩がいるのに、乾杯の音頭を頼まれたときには、「先輩方を差し置き、僭越ではございますが」、「お歴々を差し置いて」などといいながら、グラスを掲げるもの。

先輩方を差し置いて

□勝手ながら

「勝手ながら」は、自分の判断で勝手に何かをしたとき、後でエクスキューズするための言葉。「勝手ながら、○○いたしました」など。

勝手ながら○○いたしました

□思うようにいかない

「思うようにいかない」は、「うまくいっていない」ことの婉曲表現。「思うようにいかないのが、実情でございます」などと、事情を説明、弁解します。

思うようにいかないのが、実情です

□他意はない

他意はありません

「他意はない」は、自分の行動や言葉は額面どおりであり、特別な意図はないという意味。この言葉の「他意」は、事実上「悪意」を意味します。「よかれと思ってしたことで、他意はございません」、「私の言葉に他意はございません」などと使います。

■トラブルをあえて大人っぽく言い換える

□このようなこと

このようなことになり

「このようなこと」は、「失敗」や「トラブル」、「面倒事」などを婉曲に表す言葉。お互い、あらためて具体的にいう必要がないときには、この語を使うといいでしょう。「このようなことになり、まことに申し訳ありません」のように。

□非礼の数々

非礼の数々、お許しください

「非礼の数々」は、失礼なことをした後、古風な表現で謝るフレーズ。「非礼の数々、ご容赦ください」は、「いろいろ、失礼なことをして、すみません」という意味で、とくに手紙文では、この言葉を使いたいもの。

□手違い

当方の手違いでございました

「手違い」は、手はずの誤りという意味で、「ミス」の言い換え。「こちらの手違いでした」と自らの責任を認める場合にも、「何か手違いがあったようですが」と相手の責任を問う場合にも使えます。

□不手際

このような不手際のないよう、

「不手際」も、「手違い」と同様、ミスを言い換える言葉。「今後はこのような不手際のないよう、留意いたします」などと使います。ただし、「手違い」も「不手際」も、小さなミスには使えますが、大きな失敗には使えない言葉です。

□考え違い

考え違いをしておりました

「考え違い」は、目上から叱られたときに使える言葉。叱責の言葉には、下手に反論したりせず、「考え違いをしておりました」と応じれば、目上の怒りも和らぐはず。「心得違い」も同様に使える言葉で、「私の心得違いでした」と頭を下げれば、小言も早く鳴りやむはず。

□失態

とんだ失態を演じまして

「失態」は、体裁の悪いことや、やりそこなうこと。「失態を演じる」が決まり文句で、「とんだ失態を演じまして」といえば、「みっともないところをお見せして」という意味になります。

□お騒《さわ》がせ

このたびは、お騒がせいたしました

「お騒がせ」は、周囲を騒がせるような出来事を起こしたあと、軽く謝罪する言葉。「このたびは、お騒がせしまして、申し訳ありません」のように使います。なお、この言葉は正しくは「おさわがせ」。口語では、「おさがわせ」と発音しやすいので、ご注意のほど。

■〝軽め〟に謝りたいときの大人の日本語

□あいすみません

まことにあいすみません

すでに触れましたが、「あいすみません」の「あい」は、漢字では「相」と書き、改まった意を表す接頭語。その分、「あいすみません」は、「すみません」よりも、改まった言い方になります。

□これに懲《こ》りずに

これに懲りずに、またおつきあいください

「これに懲りずに」は、お客や取引先に対して、多少の迷惑をかけたときに使う言葉。また、とりたてて迷惑をかけていない場合の別れの挨拶にも使われています。「これに懲りずに、またおつきあいください」は別れ際の定番フレーズ。

□うかつにも

うかつにも、ご迷惑をおかけしてしまいまして

「うかつにも」は、自分の不注意や油断で、相手に迷惑をかけたときに使う言葉。

ただし、小ミスを謝る言葉であり、大きな失敗をしたときに使うと、相手をさらに怒らせかねないので、ご注意のほど。

□お恥ずかしいかぎり

お恥ずかしいかぎりです

「お恥ずかしいかぎりです」は、語意のうえでは、「ひじょうに恥ずかしい」という意味ですが、実際には、小ミスに関して使われることが多い言葉。「年甲斐もなく、お恥ずかしいかぎりです」、「ご迷惑をおかけして、お恥ずかしいかぎりです」のように使います。

□穴があったら入りたい

穴があったら入りたいような心境です

「穴があったら入りたい」は、隠れられるものなら隠れたいほど、恥ずかしく思う気持ちを表す成句。ただし、実際には、小ミスに関して、多少ユーモアを込めて謝る場合に使います。「お恥ずかしいかぎりです。穴があったら入りたいような気持ちです」などと、相手の笑いを誘えるような場面で用いる成句です。

■言い過ぎたときは、自分から謝るにかぎる

□言葉が過ぎる

いささか、言葉が過ぎたようです

「言葉が過ぎました」は、口論のあと、言い過ぎを謝るためのフレーズ。その後も人間関係を保ちたいときは、「言葉が過ぎました。撤回いたします」などと謝り、関係修復を図るのが、大人の態度。

□軽はずみ

軽はずみな発言だったと反省しています

「軽はずみ」は、調子に乗り、深く考えずに発言したり行動したりすること。大人語としては、軽率な発言や行動で、失敗したあとの謝罪に使います。「軽はずみな発言（行動、振る舞い）だったと反省しています」というように。

□不用意な発言

失礼いたしました。不用意な発言でした

これも、無責任な発言や言い過ぎ、場違いな比喩、下手な冗談などで、相手を怒

らせたときに謝るフレーズ。口が滑って、相手の気分を害したと悟ったときは、すかさず「不用意なことを申し上げました」と頭を下げ、その場を丸くおさめるのが大人。

■格調高く謝るためのワンランク上の日本語

□猛省　猛省しております

「猛省」は、反省の〝強調語〟で、「猛省しております」は深く反省していることを表すフレーズ。「猛」という漢字を使った字面にインパクトがある分、口頭の謝罪よりもメールなどの文章で使うと効果的な言葉です。また、相手にクレームをつけるときには、「猛省を促したいと思います」が決まり文句。

□陳謝　深く陳謝いたします

「陳謝」は、事情や理由を「陳《の》べて謝る」という意味。「陳謝いたします」は、大勢の前や公式な場などで謝るときに、よく使われる言葉です。

□不覚にも

不覚にも、このような事態を招き

「不覚」は心や意識がしっかりしていないことで、「不覚にも」は、自分の不注意や油断によって失敗し、相手に迷惑をかけたときに使う言葉。「不覚にも、このような事態を招き～」が定番の使い方です。

□不明を恥じる

おのれの不明を恥じます

この「不明」は、はっきりしないという一般的な意味ではなく、識見や才覚が足りないという意。「不明を恥じる」は、自分に物事を見抜く力がなかったことを恥ずかしく思うという意味で、「まったくもって、おのれの不明を恥じますよ」のように使います。

□ご海容《かいよう》

ご海容のほど、お願い申し上げます

「海容」は、海が広く物を容れるように、寛大に受け入れるという意味。おもに、文章で許しを乞うときに使います。「なにとぞ、ご海容ください」、「ご海容のほど、お願い申し上げます」のように。

□謹んで　謹んでお詫び申し上げます

「謹んで」は、うやうやしくという意味で、「謹んでお詫び申し上げます」は、相手に対し、失礼な行為をしたとき、お詫びの言葉として用いるフレーズ。文章で書くときは、「慎んで」と誤変換しないように注意。

■自分の非を認めたときのワンランク上の日本語

□ご容赦　ご容赦くださいませ

「容赦」は許すことで、「平《ひら》にご容赦ください」などと使います。たとえば、「ご注文後のキャンセルはお受けできませんので、平にご容赦くださいませ」のように。より丁寧な言い方にすると、「ご容赦くださいますよう、お願い申し上げます」。

□不徳の致すところ

私の不徳の致すところです

「不徳」は徳が足りないことで、「不徳の致すところ」は、不祥事の原因を自分の至らなさを理由にして謝るための決まり文句。「まったくもって、私の不徳の致すところです。弁解の余地もございません」のように使います。

□認識不足

私の認識不足で、ご迷惑をおかけしました

事情やルールをよく理解せずに、失敗や無礼なことをしたとき、「よく知らなかったもので」と言い訳するのは、幼稚な物言い。それを大人語にすると、「私の認識不足で」となります。たとえ、相手側に非があるときでも、立場上、下手に出なければならないときにも使えます。

□力不足

私の力不足でした。まことに申しわけありません

「力不足」は、相手の期待に添えなかったときなどに、自分の能力のせいにして謝る言葉。たとえば、落選した候補者は、「みなさまの絶大なご支援にもかかわらず、かかる事態にいたったのは、万事私の力不足ゆえでした。まことに申し訳ありません」などと、頭を下げるもの。

□監督不行き届き

監督不行き届きの段、申し訳なく思います

「監督不行き届き」は、上司が部下の失敗を謝るときの定番語。「監督不行き届きの段、まことに申し訳なく存じております」などと、顧客らに頭を下げるのが、日本流のビジネスです。

□ご指摘のとおり

ご指摘のとおり、当方の落ち度です

「ご指摘のとおり」は、当方の落ち度を認めざるをえないとき、まずは相手の言い分を認めて怒りを和らげるためのフレーズ。たとえば、クレームをつけられたとき、まずは「ご指摘のとおりです」と同意し、遺憾に思っていることを表せば、相手の舌鋒を多少は和らげられるかも。

□考えが及ばない

そこまで考えが及びませんでした

軽率な判断や行動を謝る際、「ちゃんと考えていませんでした」を大人語化すると、

「考えが及びませんでした」となります。「及びませんでした」というフレーズに謙遜の意がこもるため、多少は反省の気持ちが深いようにも聞こえます。

□飛んでまいりました

お話を伺い、さっそく飛んでまいりました

「飛んでまいりました」は、取引先などからクレームを受けて出向いたとき、真先に使うフレーズ。事情を聞き、とるものもとりあえず駆けつけてきたことを伝えれば、多少は相手の感情を和らげることができるもの。その後、善後策の協議に入ればいいでしょう。

■そういう謝罪用の言葉があったんだ

□平《ひら》に

平にご容赦ください

「平に」は、「なにとぞ」と同じ意味の言葉。謝るときには、古風な言葉を使ったほうが、重々しく、深く反省しているように聞こえるもの。ただし、「平にお許しください」は、畳の部屋なら頭を畳にこすりつけるくらい平身低頭する気持ちがないと使えない言葉です。

□不面目

不面目きわまりない話

「不面目」は、体面が損なわれ、みっともないこと。「不面目きわまりない話でして」、「不面目な結果に終わり、申し訳ございません」のように使います。また、「面目ありません」や「面目次第もございません」という謝り方もあり、ともに恥ずかしくて顔向けできないという意味のフレーズ。

□申し訳が立たない

まったくもって申し訳が立ちません

「申し訳が立たない」は、言い開きができないほど、申し訳なく思っている気持ちを表す言葉。「まったくもって、申し訳が立たないお話で……」のように使います。

□肝に銘じる

お言葉、肝に銘じます

「肝に銘じる」は、大人語としては、人から注意を受けたときに使う成句。「お言葉、以後、肝に銘じます」というように。

□埋め合わせ

この埋め合わせは、必ずさせていただきます

「埋め合わせ」は、損や迷惑をかけた相手に対し、今後、その損などを償うこと。「今回の埋め合わせは必ず〜」と告げることで、相手の怒りをしずめ、人間関係の継続を願う言葉です。

□世間知らず

何分にも、世間知らずなもので

「世間知らず」は、若い人の不始末を、親などが代わって謝るときに使う言葉。「何分にも、世間知らずなもので、どうかお許しください」のように使います。

□穏便

どうぞ穏便にお願いいたします

「穏便」は、大人語としては、トラブルが警察沙汰や裁判沙汰に発展しそうなとき、回避するために使われています。たとえば、「なにとぞ、穏便にお願いいたします」は、相手にお願いしているようで、じつは「互いに譲歩し合い、事を荒立てるのはやめましょう」、あるいは「示談ですませましょう」というニュアンスを含む言葉といえます。

□やむなく

やむなく、かかる事態に至った次第です

「やむなく」は、不可抗力の事情があったことを伝え、多少なりとも責任を回避するための言葉。「やむなく○○という事態に至った次第です」のように使います。

ただし、多少なりとも言い訳がましく聞こえるので、相手の感情を逆撫でするおそれもある言葉です。

特集2

タブーの日本語を使わないのが、人間関係の基本

1　20世紀の日本語を21世紀仕様に変換する

■言い換えが進む日本語

×老人↓○高齢者

「老人」は、かつては「老人福祉法」（1963年制定）や「老人保健法」（1983年制定）など、官公庁も使っていた言葉。ただし、今は、役所やマスコミは「高齢者」に言い換えています。一般的にも、会話で「老人」を使うのは許容範囲でも、文章では「高齢者」や「年配者」に言い換えたほうがいいでしょう。

×伝染病↓○感染症

かつては「伝染病予防法」という法律がありましたが、1999年に廃止され、現在の「感染症法」へ受け継がれています。その時期から「伝染病」という言葉は、じょじょに〝瀕死語〟化し、今は「感染症」というのが一般的になっています。

×未婚の母↓○シングルマザー

「未婚の母」は昭和の頃にはよく耳にした言葉ですが、今は「シングルマザー」が使われています。ただし、両者の意味は微妙に違い、シングルマザーは「未婚」とは限らず、夫と離別・死別した元妻を含む言葉です。

×免罪符→○贖宥状《しょくゆうじょう》

今は、世界史の教科書でも「贖宥状」が使われ、「免罪符」は歴史用語としては姿を消しました。ただ、「○○を免罪符として」といった慣用句的表現は生き残っているため、「免罪符」が完全に死語になったわけではありません。

×青写真を描く→○構想を描く

「青写真」は、かつてはよく使われていた複写技術。設計図などを青地に白く焼き付けたもののことです。当時は「青写真を描く」という言葉が、未来の構想を描くという意味で慣用句化していましたが、現在では青写真を見かけることはなくなり、慣用句のほうもほぼ死語化しています。少なくとも、40代以下には、単に「構想を描く」や「計画を立てる」といったほうがわかりやすいでしょう。

△縁の下→○床の下

「縁の下」は、縁側の下のこと。今は縁側のない家が大半を占め、「縁の下の力持ち」ということわざの中でのみ、生き残っている言葉といえます。普通名詞としては、「床下」か「床の下」を選ぶほうが、現実に即しています。

△風呂桶→○湯船、バスタブ

昔の湯船は、木材を「桶」のように組んで作ったので、「風呂桶」と呼ばれていました。今は、桶タイプの風呂桶を見かけることはまずなくなり、「湯船」や「浴槽」、あるいは「バスタブ」というのが普通になっています。

△乳母車→○ベビーカー

「ベビーカー」への言い換えが進行中です。近頃は「ベビーバギー」という呼び方も登場しています。

×囚人→○受刑者

刑務所関係の言葉は、かつてよく使われた言葉を蔑称と感じる人が増え、言い換えが進んできました。今では、「囚人」は「受刑者」、「監獄」や「牢屋」は「刑務所」というのが一般的になっています。

△一張羅《いっちょうら》→○勝負服

「一張羅」は、一着しか持っていない高級な服のこと。「羅」はうすぎぬという意味で、古くはとっておきの晴れ着を意味しました。今は、意味は多少違うものの、晴れの日用の服という意味では、「勝負服」がよく使われています。

△背広↓○スーツ

近年、「背広」と呼ぶ人は少なくなり、とりわけ40代以下では、ほとんど使われなくなっています。背広はスーツ、ブレザーはジャケット、吊るしは既製服やレディメードに言い換えるのが、妥当でしょう。身につける物関係では、他には、チャックはファスナー、コール天はコーデュロイ、運動靴・ズック靴はスニーカー、前掛けはエプロンへの言い換えがほぼ完了し、前者は瀕死語化しています。

△学生かばん↓○スクールバッグ

近年、革製の四角い学生かばんは激減し、ボストンバッグ型に変わっています。それもあって、名称も学生かばんからスクールバッグへの言い換えが進んでいます。

×旗日《はたび》↓○祝日

かつては、国が定めた祝日には、門や玄関に「日の丸」を掲げる家が多かったもの。今はそういう家庭が少なくなり、「旗日」という言葉にふさわしい風景を目にすることは少なくなりました。「祝日」と呼ぶのが一般的になっています。

×登校拒否↓○不登校

かつては「登校拒否」と呼ばれていましたが、いじめなどが原因で、本人の意思で登校を拒んでいるわけではないケースが多いため、「不登校」と言い換えられました。

×帰化↓○国籍を取得する

「帰化」は、もとは王の徳に「帰服」するという意味。後に、他国の国籍を取得するという意味で使われるようになっても、帰服するという意味合いが完全に消えたわけではありませんでした。そこで現在では、マスコミなどでは「帰化」という言葉を避け、「国籍を取得する」と表しています。また、歴史用語の「帰化人」も、現在は「渡来人」に言い換えられています。

×（大学の）指導教官↓○指導教員

教官、警察官、自衛官などの「官」は、公務員であることを示す言葉。現在、国立大学は国立大学法人化し、大学教授らは公務員ではなくなっています。つまり、今の大学には、国公立、私学を問わず、「教官」はいなくなったといえます。一方、警察学校や自衛隊学校には、今も公務員である

「教官」がいます。

△鏡割り→○鏡開き

「鏡割り」は、「割る」という縁起の悪い言葉を含むため、「鏡開き」と言い換えられました。なお、「鏡割り」には二つの意味があり、鏡餅を雑煮や汁粉にして食べる行事、あるいは、祝い事で酒樽のふたを開けることを意味します。

△盲腸炎→○虫垂炎

「虫垂」は、盲腸から突き出した指状の部分。炎症を起こしやすく、それがいわゆる「盲腸炎」の正体ですが、盲腸全体が炎症を起こすわけではないので、医学的には「虫垂炎」と呼ばれています。

■言い換えが進む和製英語

△サラミソーセージ→○サラミ

「サラミ」は、イタリア語では単にサラミなのですが、かつての日本では、サラミだけでは、どのような食べ物かイメージしにくかったため、「サラミソーセージ」と呼ばれていました。ただし、それはソーセージを意味する「サラミ」に英語の「ソーセージ」をつけたヘンな言葉。今は、単に「サラミ」と呼ばれるようになっています。

△シーズンオフ→○オフシーズン

「シーズンオフ」は和製英語で、英語ではオフシーズン（off-season）と呼びます。近年は、日本のマスコミでも、オフシーズンを使うことが増えています。

△エンジン・キー→○イグニション・キー

車のエンジン点火用のキーを△のようにいうのは和製英語。近年は、○のように呼ぶことが増えています。イグニション（ignition）とは、点火装置のことです。

△ドアボーイ→○ドアマン

ホテルのドアでサービスする係。「ドアボーイ」は和製英語で、英語では「ドアマン」（doorman）と呼びます。ボーイとは呼べない年代の人が多いこともあって、業界を中心に言い換えが進んでいます。

■諸般の事情で使えなくなった日本語

×女々しい→○ふがいない

現代では、女性への差別意識を感じさせる表現、男女格差を助長するような表現は、避けるのが常識になっています。その代表例が「女々しい」。「ふがいない」「柔弱」「意気地がない」など、性別に関係のない言葉に言い換えるのが妥当です。

×娘盛り↓○年頃

「娘盛り」は、品のいい言葉とはいえないので、「年頃」や「妙齢」に言い換えたほうがいいでしょう。なお、「妙齢」の「妙」は若いという意味。「妙い」で「わかい」と訓読みします。

×足切り↓○2段階選抜

かつて、大学入試に関係して「足切り」という言葉がよく使われていましたが、その後、ＮＨＫなどは「足切り」は語感が強すぎる言葉」として、「2段階選抜」や「予備選抜」に言い換えています。

×下阪↓○大阪に行く

「上京」はオーケーですが、「下阪」など、東京以外の地域を低く見る表現は、避けられるようになっています。

×表日本↓○太平洋側

日本海側の地域を「裏日本」と呼ぶのは、今では非常識とされています。それに応じて、太平洋側を「表日本」というのも避けるのが常識です。

2 きちんとした「人の呼び方」を知っていますか？

■職業名を言い換える

×薬屋→○薬局、ドラッグストア

近年、マスコミなどでは「○○屋」という呼び方を避け、魚屋は鮮魚店、八百屋は青果店、薬屋はドラッグストア、薬局のように言い換えています。お店が自称として使う分にはもちろん問題ありません。

×婦警→○女性警察官

かつては「婦人警察官」、略して「婦警」と呼ばれていましたが、2000年、男女雇用機会均等法が全面改正された際、「女性警察官」に改められました。現在は「女性警察官」、あるいはその略称の「女性警官」に統一されています。

×助産婦→○助産師

2002年、「保健婦助産婦看護婦法」が「保健師助産師看護師法」に改正され、以後、看護婦が看護師に言い換えられてきました。同じ法律の改正で、「助産婦」は「助産師」が正式名称になりました。「産婆」はむろん死語といえます。

△芸者↓○きれいどころ、芸者衆

大人語では、芸者衆のことを「きれいどころ」と呼びます。この「きれいどころ」はあくまで芸者衆のことであり、〝きれいな女性たち〟という意味ではありません。だから、「うちの社には、きれいどころが揃っていましてね」などというのは、誤用であるうえ、セクハラにもなりかねない表現です。

△カメラマン↓○フォトグラファー

ポリティカル・コレクトネスの観点から、「マン」（男という意味）のつく言葉は極力言い換えるのが、現代のルール。カメラマンは、フォトグラファーか写真家に言い換えるようになっています。そもそも、「女性カメラマン」というのは、矛盾を含んだ奇妙な表現。

×町医者↓○開業医

「町医者」（町医）は、江戸時代、御殿医に対して、町中で開業している医者を意味した言葉。この言葉には、今もそのニュアンスが残っていて、大学病院などの医者に対し、開業医をやや低く見る意味合いを含んでいます。「開業医」なら、そうしたニュアンスは含みません。

×ちょい役→○脇役

俳優自身が自分のことを「ちょい役」というのは OK でも、他の人がそういうのは失礼。「端役」も失礼で、どんな小さな役でも「脇役」と呼びたいもの。

■失礼にならない人の呼び方

△金持ち→○資産家

「金持ち」という言葉には、やっかみや侮蔑するニュアンスが含まれるもの。「資産家」に言い換えたほうがいいでしょう。「大金持ち」は「富豪」に言い換えます。

×女房役→○補佐役

「女房役」は、女性が男性の補佐役であることを前提にした言葉。このようなジェンダーのからむ言葉は避けて、「補佐役」を選んだほうがいいでしょう。「脇役」や「引き立て役」がぴったりくるケースもあるはず。

△初心者→○ビギナー

「初心者」は、「初心者ですので、よろしくお願いします」などと、自分に関して使うのは問題のない言葉。ただし、「彼は初心者らしいですよ」などと、人に対して使うと、軽く見るニュアンスが生じます。英語で「ビギナー」といったほうが、マイナスのニュアンスは薄まります。

△素人↓○アマチュア

「素人」という言葉は、相手のことを軽く見る語感を含むので、「アマチュア」に言い換えるのがベター。一方、「玄人」は海千山千という意味合いを含むことがあるので、ケースによって専門家、プロ、スペシャリストなどに言い換えたほうがいいでしょう。たとえば、「株の玄人」は「投資の専門家」というように。

△新入り、新米↓○新人、新進

「新入り」や「新米」は、へりくだるために使う言葉であり、人に対して使うと悪口になってしまいます。ニュートラルな意味の「新人」か、若くて優秀という意味の「新進」を選ぶといいでしょう。

△古株、古手、古顔↓○ベテラン

日本語で「古株」「古手」「古顔」というよりも、英語で「ベテラン」といったほうが、経験を積み、円熟した技量をもつというニュアンスが強まります。

×外人→○外国人

「外人（ガイジン）」という言葉は、排他的なニュアンスを伴います。そこで、マスコミなどでは「外国人」と言い換えています。「外人観光客」ではなく、「外国人観光客」というように。あるいは、「外国の方」という言い方もあります。

×保菌者→○キャリア

「保菌者」「キャリア」はともに、体内に病原菌を持っている人のこと。かつては「保菌者」と呼ばれるのが一般的でしたが、今は「キャリア」への言い換えが進んでいます。

△妻の父→○岳父、義父

「妻の父」はわかりやすくはありますが、いささか幼稚に聞こえる言い方。また、あくまで妻の父であって、自分の父ではないという意を含むようにも聞こえます。そこで、「岳父」や「義父」と呼ぶか、単に「父」といったほうがいいでしょう。

×細君《さいくん》→○奥様

「細君」の「細」には、つまらないものという意味があるので、人の奥さんに対して使うと、失礼になってしまいます。すでに死語化しつつありますが、カッコをつけて「細君はお元気ですか」などと使ったりしないように。

△配偶者↓○連れ合い

「連れ合い」は、配偶者を意味する言葉。夫婦の一方からみた他方のことで、夫にも妻にも使うことができます。ただし、新婚カップルなど、若い夫婦が使うには、やや不似合いな言葉で、長年連れ添った夫婦が使うと、しっくりきます。「連れ合いに先立たれまして」など。

△中年↓○壮年

「中年」というと、〝くたびれた〟というニュアンスを含むことがあります。一方、「壮年」は、働き盛りであることに焦点を当てた呼び方。また、「働き盛り」を選んでも、ほぼ同年代を表すことができます。

△顔見知り↓○顔なじみ

「顔見知り」というと、顔を見知っている程度で、さして親しくはない関係という意味になります。一方、「顔なじみ」は、何度も会っていて、「顔見知り」よりは親しみを感じている関係というニュアンスを含みます。

第5章

品のいい日本語が使えると、一気に〝大人度〟がアップします

1　きれいな言葉、使っていますか

■そういう上品な言い方があったんだ

□(男女の)出会い↓馴《な》れ初《そ》め

お二人の馴れ初めを伺いたいものです

「馴れ初め」は、恋愛関係になった発端のこと。「お二人はどうやって知り合われたのですか?」は、「お二人の馴れ初めは?」と言い換えることができます。

□運↓巡り合わせ、星回り

星回りが悪かったんですよ

「巡り合わせ」は、しぜんに回ってくる運命のこと。「これも、何かの巡り合わせだろう」など。また、「星回り」も同じような意味で、「星回りが悪かったんだよ」

などと使うことができます。

□日常生活↓起き伏し

起き伏しもままならない状態で

「起き伏し」は、起きたり寝たりすることで、そこから毎日の生活という意味にも使います。（病気などで）「起き伏しもままならない」が定番の使い方です。

□下準備↓お膳立て

お膳立てはすっかり整っています

「お膳立て」は、もとは、お膳の上に料理や食器を並べ、食事の用意をすること。そこから、「下準備」という意味で使われるようになった言葉です。「お膳立ては、すっかり整っていますので」のように使います。

□無事に↓つつがなく

つつがなく、お過ごしのことと存じあげます

「つつがなく」は、病気や災難などが起きないさまで、人間の体に害をなす「恙虫がいない」状態に由来する言葉。手紙文では、「つつがなく、お過ごしのことと存じあげます」が定番の使い方。

□関係→ゆかり

ゆかりを感じております

「縁」と書いて、「ゆかり」とも読みます。「文豪ゆかりの土地」、「ゆかりの品」、「不思議なゆかりを感じます」などと使います。

□膝を崩して→お平らに

どうぞ、お平らに

「お平らに」は、正座している足を崩して、楽に座るようにすすめる言葉。座敷で正座し、かしこまっている相手には、「どうぞ、お平らに」と声をかけるもの。

□手加減→お手柔らかに

お手柔らかにお願いします

「お手柔らかに」は、手加減してやさしく、という意味。「どうぞ、お手柔らかにお願いいたします」は、勝負事などを始めるときに、相手にかける社交辞令。

□冗談→お戯《たわむ》れ

お戯れを

「戯れ」（ふざけること）に「お」をつけると、相手の質の悪い冗談などを意味する言葉になります。相手が悪ふざけをしかけてきたときには、「お戯れを」といって制することができます。

□延期→日延べ

「日延べ」は、予定の期日を延ばすこと。「会合をしばらく日延べしましょうか」などと使います。

すこし日延べしましょうか

□禍《わざわい》→もしもの事

昔の人は、言葉には言霊《ことだま》が宿ると考え、極力、不吉な言葉を口にしませんでした。今に残る「もしもの事」や「万が一のこと」という表現も、そうした考え方から生まれた言葉とみられます。「もしもの事」は、大きな災いや最悪の事態を意味し、「もしもの事があったら、いかがいたしましょう」などと使います。

もしもの事があったら、いかがしましょう

□手引き→手ほどき

「手引き」は「手ほどき」と同様の意味にも使いますが、「内部から手引きをする」

一度手ほどきしていただきたいと

など、悪事に関して使うこともあります。そのため、初心者を教えるという意味のときは、「手ほどきをする」と言ったほうが、誤解を招きません。

□心得→たしなみ

多少のたしなみはございます

「たしなみ」（嗜み）は、心得、好み、趣味といった意味の上品な大和言葉。「茶道のたしなみがある」、「女のたしなみ」などと使います。

■「大人語」で相手とやりとりする方法

□人間性→お人柄、人となり、ご人徳

お人柄ですね

「人間性」は、本来「人間らしさ」という意味の言葉ですが、「人間性が問われる」「人間性を疑う」などと使われるうち、ネガティブな意味合いを感じさせる言葉になっています。人に対して使うときは、マイナスのニュアンスを消すため、「お人柄」や「人となり」に言い換えるのがベター。さらに、「お人柄ですね」を「ご人徳ですね」と言い換えると、目上にも通用する〝お世辞〟になります。

□性格↓気立て、心根

気立てのいい娘さんですね

人柄に関する話では、「性格」よりも、「気立て」や「心根」を使ったほうが、やわらかく聞こえます。「性格のいい娘さん」は「気立てのいい娘さん」、「性格のやさしい人」は「心根のやさしい人」と言い換えるといいでしょう。

□言いつけ↓仰《おお》せ

仰せのとおりにいたします

「言いつけ」を「仰せ」に言い換えると、相手への敬意を表せます。「仰せに従います」、「仰せのとおりにいたします」のように。

□出発↓お立ち

何時にお立ちですか

「明朝は、何時にご出発ですか？」と聞くよりも、「明朝は、何時にお立ちですか？」とたずねたほうが、やわらかく聞こえるもの。なお、この「たつ」は、漢字では「発つ」や「起つ」とも書きます。

□憂さ晴らし↓気晴らし

気晴らしにいかがですか

「憂さ晴らし」も「気晴らし」も、鬱々とした気分をまぎらすこと。ただし、ニュアンスはかなり違い、「憂さ晴らし」の酒は自棄酒になりそうですが、「気晴らし」の酒は、まだしも楽しそうです。人を飲み会などに誘うときは、「たまには、気晴らしにいかがですか」などと、「気晴らし」を使ったほうがいいでしょう。

□お叱り↓御叱正《ごしっせい》

御叱正賜りますようお願い申し上げます

口語では「お叱り」でOKですが、あらたまった席での挨拶や文章では「御叱正」に言い換えたほうが重々しい表現になります。おおむね、そのあとには、謝罪の言葉を続けることになるのでしょうから。

□ご面倒↓お骨折り

お骨折りいただき、まことにありがとうございます

「ご面倒をおかけしまして」よりも、「お骨折りいただきまして」というほうが、謙譲の度合いが強まり、感謝のレベルは高くなります。

□万歳↓万々歳

目標達成で、万々歳ですね

「万歳」は、両手を上げることから、「お手上げ」（どうしようもない状態）という意味に使われることもあります。一方、「万々歳」は、「万歳」本来の意味の強調語なので、そうしたネガティブな意味では使われません。つねにポジティブな意味で、「これだけ売り上げが伸びれば、万々歳ですね」などと用います。

□物知り↓博学、博識

さすが、聞きしにまさる博学ですね

「物知り」は、100％のほめ言葉ではなく、皮肉っぽく聞こえることもある言葉。相手を持ち上げたいときには、「博学」や「博識」を使ったほうがしっくりきます。また、「よく知っていますね」を「博学でいらっしゃいますね」に言い換えると、ほめ言葉としてのグレードがアップします。

2　よく使う言葉を、品のいい言葉に変換してみよう

■毎日の日本語を言い換える①

□下着→肌着、アンダーウエア

「下着」というと、セクシュアルな意味合いが生じることがあります。「肌着」や「アンダーウエア」なら、そうした心配はありません。

□便所→洗面所、お手洗い、化粧室

「便所」は、言い換えのセンスが問われる言葉。たとえば、その場所を尋ねるときには、「洗面所はどちらですか」、「お手洗いをお借りしたいのですが」、「化粧

室はどちらでしょう」などと、「便所」という言葉を使わずに尋ねたいもの。

□便通、排便↓お通じ

体調をたずねたり、説明するときには、排便について話さなければならないこともあるもの。そんなときは、言葉選びのセンスが問われます。「お通じ」は「便通」の美化語で、今のところ、排便を最も上品に表す言葉といえます。「お通じは、ございましたか」のように。

□地肌↓素肌

「地肌」は、「大地の地肌」「陶器の地肌」など、物に対しても使う言葉。人の肌に対して使うときは、「素肌」のほうが、語感が美しいうえ、誤解を招きません。

□裸足↓素足《すあし》

「裸足」と「素足」は、ともに靴や靴下を履いていない足のこと。「素足」のほうがやや上品に聞こえ、とりわけ女性の足を形容する場合には「素足」がよく似合います。一時期、よく使われた「生足《なまあし》」は、俗語的な生々しい言葉なので、使わないほうが品よく話せるでしょう。

■毎日の日本語を言い換える②

□食い物→食べ物

「食べ物」に言い換えたほうが上品ですが、成句は別。「食い物の恨みは恐ろしい」や「食い物にされる」は、これが定型の成句なので、「食べ物」に言い換えることはできません。「食い物」という下品な言葉を使いたくなければ、別の言い回しを選ぶしかありません。

□飯→食事、ご飯

「飯《めし》」は、「召す」の連用形の「召し」に由来する言葉。ただし、現代では品のない言葉なので、「食事」や「ご飯」に言い換えます。ただし、これも成句は別で、たとえば「三度の飯より○○が好き」は、「飯」を使うのが定型なので、「三度のご飯」や「三度の食事」に言い換えることはできません。

□遺品→形見の品

「遺品」と「形見の品」は、今のところ、同等の品を感じさせる言葉。ただし、使う場面によって、どちらがふさわしいかは違ってきます。たとえば、「遺品を整理する」は「遺品」、「形見の品をいただく」という場合は「形見の品」を使うと、しっくりきます。

□漬物→お香々、香の物

単に「漬物」というのは、いささかぞんざい。「お漬物」と「お」をつけるか、「お香々」、「香の物」と言い換えると、品よく聞こえます。

□ひいまご→ひまご（曾孫）

「ひいまご」は、「ひまご」が音変化した言葉。音変化すると、幼稚な感じになる言葉が多いものですが、この言葉も例外ではなく、あらたまった会話や文章では

「ひまご」を使ったほうが、いいでしょう。なお、漢字では、どちらも「曾孫」と書きます。

□値下げ品、バーゲン品↓お値打ち品

値下げ品やバーゲン品というと、安物のようにも聞こえてしまいます。そこで近年、よく耳にするのが、「お値打ち品」という表現。こう表すと、価値が高いわりに割安に買える品という意味が含まれます。

□お釣り↓お返し

「お返し」は、本来は、人からものを贈られたときに、返礼としてこちらからも物を贈ること。その言葉が、「お釣り」を意味する丁寧語としても使われています。「1000円お預かりしました。200円のお返しです」のように。

□荷物↓お手回り品《ひん》

「手回り」は手の届く範囲のことで、「手回り品」は、もとは身の回りに置いて使

う品のこと。今は「携帯品」という意味で、接客用語としてよく使われています。「お手回り品には、十分お気をつけください」、「お手回り品をお預かりいたしましょうか」のように。

□修理↓お直し

接客用語としては、「修繕」は「お直し」に言い換えることが多いもの。「肩のあたり、お直しいたしましょうか？」などと使います。

■毎日の日本語を言い換える③

□得意↓お手の物

「お手の物」は、自分の手の中にあるように、慣れていて、たやすくできること。「車の運転なら、お手の物だ」などと使います。なお、「手の者」と書くと別の言葉になり、配下の者という意味になるので、書き分けにご注意のほど。

□果物↓水菓子

水菓子とは「くだもの」のこと。そもそも「菓子」の「菓」には「くだもの」という訓読みがあるくらいで、菓子の始まりはくだものでした。

□静寂↓しじま

「しじま」は静まりかえっていることで、「夜のしじま」などと使います。なお、「しじま」も漢字では「静寂」と書きます。

□川の流れる音↓せせらぎ

「せせらぎ」は、川の流れる音。ただし、浅瀬をさらさらと流れる音であり、大きな川や濁流には似合いません。また、あくまで「音」であり、川自体を意味するわけではありません。

□夕方↓たそがれ、灯点《ひとも》し頃、宵の口

日本語には、時間帯を表す言葉が数多くあります。たとえば、夕方の言い換えとしては、「たそがれ」「灯点し頃」「宵の口」あたりは心得ておきたいところ。

□様子→たたずまい

「たたずまい」は、人や物がそこにあるさま。ただし、単なる「様子」ではなく、それが醸し出す雰囲気まで伝える言葉であり、「落ちついたたたずまい」や「静《せい》謐《ひつ》なたたずまい」のように使います。

□一日中→ひねもす

「ひねもす」は、一日中、朝から晩まで、という意味。「春の海ひねもすのたりのたりかな」（与謝蕪村の俳句）、「ひねもす、読書にふける」などと使います。漢字では「終日」と書きます。

□上品→たおやか

「たおやか」（嫋やか）は、しとやかで上品なさまを表し、「たおやかな女性」「たおやかな身のこなし」などと使います。現在では、女性の上品さをほめる最上級のほめ言葉といっていいでしょう。

□**丈夫↓すこやか**

「すこやか」は、体が丈夫で元気なさま。「すこやかに成長する」、「すこやかな寝顔」などと使います。単に「健康」というよりも、相手を慈《いつく》しむ気持ちを含む言葉といえます。

□**手掛かり↓よすが**

「よすが」(寄す処)は、物事をする際に助けとなるもの。「～をよすがとする」、「～するよすがもない」などと使います。「足掛かり」も同様に言い換えることができます。

□**楽しみ↓醍醐味**

「醍醐」は、牛の乳を精製した汁。昔は、最上の味とされ、そこから「醍醐味」という言葉が生まれました。単に「楽しさ」「面白さ」というよりも、深みを表せる言葉です。

□代わりばんこ↓代わる代わる

「代わりばんこ」は、交代しあって行うさま。「〜ばんこ」という響きが、俗語的であるうえ、幼稚さを感じさせるので、「代わる代わる」に言い換えたほうがいいでしょう。

■大人が使うとしっくりくる日本語

□そっくり↓生き写し

親や祖父母とそっくりのことを表すには、「生き写し」を使うとしっくりきます。「お祖父さんの生き写しですねぇ」のように。なお、この言葉は、すでに亡くなっている直系の肉親と似ている場合に使うのがふさわしく、生きている親や兄、姉と似ている場合に使うのは、誤用です。

□金色→黄金色《こがねいろ》

単に「金色」というよりも、「黄金色」や「山吹色」を使ったほうがぴったりくる場合もあります。たとえば、「黄金色に波打つ稲穂」や「山吹色の大判小判」のように。このように、日本語では、色に関する表現は、語彙力の見せどころになります。

□海のそば→海辺、浜辺、波打ち際、渚

場所によって、その〝そば〟の表し方はさまざまに変化します。橋のそばは「橋のたもと」、湖のそばは「湖のほとり」というように。海の場合は、「海辺」「浜辺」のほか、「波打ち際」、「渚《なぎさ》」くらいは心得ておきたいところ。

□雪景色→銀世界

「雪景色」もきれいな言葉ですが、「銀世界」と言い換えることもできます。あたり一面、雪が降り積もった光景のことで、「一面の銀世界」などと使います。

□育ち→生《お》い立ち

「育ち」自体に悪い意味はないのですが、「育ちが悪い」、「育ちが育ちだから」などと、ネガティブなフレーズで使われることが多いため、「生い立ち」に言い換えたほうが無難。

■ネガティブな印象を避けるための言い方

□飲んべえ→酒豪

「飲んべえ」というと、酒にだらしない人という意味になりますが、「酒豪」というと、飲んでも乱れない人という意味になります。「酒好き」、「大酒飲み」、「飲んだくれ」なども、「酒豪」と言い換えておくと、たとえ相手の耳に届いても問題ないはずです。

□食い過ぎ→食べすぎ、過食

「食う」という動詞は品がないので、「食べる」に言い換えるのが得策。「食い放題」は「食べ放題」、「食わず嫌い」は「食べず嫌い」、「食い意地が張っている」は「食欲旺盛」、「食い道楽」は「グルメ」や「食通」に言い換えます。ただし、「道草を食う」や「大目玉を食らう」などの慣用句は、「食う」を使うのが定型であるため、「食べる」や「いただく」に言い換えられません。

□トラブル↓ご難

通常、ネガティブなことには「ご」や「お」をつけないものですが、これは相手にふりかかった災難なので、「ご」をつけるのが正解。「ここのところ、ご難続きでございましたね」などと、相手への気づかいを表すときに使います。

□焼き直し↓翻案、改作

「焼き直し」は、既存の作品に手を加えて、新しい作品に仕立てること。「焼き直しじゃないですか」などと、批判的に使うことが多い言葉です。批判する意図がない場合には、「翻案」や「改作」に言い換えたほうが、誤解を招きません。

□大失敗↓切腹物

「切腹物」は、侍の時代なら、切腹しなければならないほど、大きな失敗のこと。許されない落ち度を意味します。「今回の失態は、世が世なら、切腹物の話ですよ」などと使います。

□金銭が乏しい↓手元不如意《ふにょい》

「不如意」は、もとは金銭関係に限らず、「意の如くにはできない」という意味の言葉。「手元」がつくと、「お金がない」という意味になります。寄付や借金を頼まれたときには、「あいにく、このところ、手元不如意なものでして」などと断ります。

□お金がよく出ていく↓物入り

この「物」はお金を意味し、「このところ、何かと物入りなものですから」などと、「何かと」とセットでよく使います。

■品のない名詞を言い換える①

□やけくそ↓捨て鉢

「やけくそ」は、漢字では「自棄糞」と書く下品な言葉なので、「捨て鉢」や「自暴自棄」に言い換えるのがベター。他に、「下手糞」、「ぼろ糞」、「味噌糞」、「けった糞」など、「糞」のつく言葉は、大人語としては、すべて禁句。

□屁理屈↓理屈

「屁理屈」をこねる相手に対しても、「屁理屈はやめてください」と応じるのではなく、「それは理屈に合わないですね」くらいにとどめておくのが、大人の物言いです。

□どんじり↓しんがり

「どんじり」は漢字では「どん尻」と書く品のない言葉。他にも、「最後」を意味する言葉は、「どんけつ」「びりっけつ」のように、「尻」と結びつきがちですが、これらはすべて「しんがり（殿）」と言い換えるのが得策。なお、「しんがり」は「後駆《しりが》り」が音変化した言葉で、「尻」との直接の関係はありません。

□早とちり↓早合点

「早とちり」は、話をよく聞かずに、自分勝手に解釈すること。「とんだ早合点をいたしまして」などと言い換えたほうが、まだしも大人度は高くなります。「早呑み込み」や「独り合点」に言い換えることができます。

□デマ↓風説

「デマ」は「デマゴギー」の略語。もとは政治的効果を狙って流される虚偽情報のことで、今でいう「フェイクニュース」に近い意味の言葉でした。これを漢熟語に言い換えると「風説」。「デマでしょう」は、「風説の類《たぐい》でしょう」や「流言飛語の類でしょう」と言い換えると、大人度が高くなります。

■品のない名詞を言い換える②

□へま→ぽか

「ぽか」というと、たまたま不注意で起きた失敗という意味になり、それが本人の実力ではないというニュアンスが生じます。一方、「へま」を使うと、本人の能力そのものを侮蔑する意味合いが強くなります。

□いかさま→不正

「いかさま」「いんちき」「ぺてん」は、いかにも俗語的な言葉。「不正」に言い換えると、大人の言葉づかいになります。

□いちゃもん→言いがかり、難癖

「いちゃもん」は俗語的な表現。「いちゃもんをつけられる」は、「言いがかりをつけられる」や「難癖をつけられる」に言い換えるといいでしょう。

□とばっちり↓しわ寄せ

「とばっちり」は「とばしり」が音変化した言葉で、本来の意味は「飛び散ってふりかかってくる水」のこと。そこから、迷惑をこうむるという意味が生じました。俗語的なので、「しわ寄せ」に言い換えたほうが大人度は高くなります。

□地べた↓地面

「地べた」は、地面の俗な言い方。「地べたに座り込む」などと使いますが、あらたまった席では、避けたほうがいい言葉。

□穴ぼこ↓穴

「穴ぼこ」は、穴やくぼみを意味する俗語。愛嬌のある言葉ではありますが、大人が「穴ぼこだらけの道路」などというと、幼稚に聞こえるもの。「穴だらけの道路」というのが妥当なところ。

□汗まみれ↓汗みずく

「汗まみれ」は、いかにも汗の臭いが漂ってきそうな表現。「汗みずく」と言い換えたほうが、言葉としてまだしも品があります。「汗だく」や「汗みどろ」も、「汗みずく」に換えると、多少は〝臭気〟がおさまります。

□げてもの食い↓いかもの食い

「げてもの食い」も「いかもの食い」も、ともに普通の人が食べないものを好んで食べること。いずれも品のない言葉ではありますが、「下手物」よりは「如何物」のほうが、まだマシとはいえるでしょう。

□札びら↓お札、紙幣

「札びら」は、紙幣の俗な言い方。「札びらを切る」（気前よく金をつかう意）という慣用句もありますが、お世辞にも上品な言葉とはいえません。「お札」か「紙幣」に言い換えるのがベター。また、「カネ」という言葉自体、「現金」か「キャッシュ」に言い換えたほうがいいでしょう。

□金銭ずく↓計算ずく

「金銭ずく」というと、守銭奴のようなイメージが生じるので、「計算ずく」と言い換えたほうがいいでしょう。「算盤ずく」や「勘定ずく」も、同様に置き換えるのが適切。

□棒引きにする↓帳消しにする

「棒引きにする」の語源は、棒線を引いて帳簿の記載を消すこと。そこから、金銭などの貸し借りをなくすことを意味します。「帳消しにする」のほうが、まだしも語感がよい言葉です。

■体に関する言葉の〝大人度〟を上げる

□ほっぺた、ほっぺ↓頬

「ほっぺた」や「ほっぺ」は、幼稚さを感じさせる言葉なので、単に「頬」と言ったほうがいいでしょう。「ほっぺが落ちそう」（ひじょうに美味しいという意味）も、「頬が落ちそう」に言い換えるのが適切。

□おっぱい、乳↓胸、バスト

女性の胸を表すとき、「おっぱい」や「乳」というのは、生々しすぎる表現。「胸」か「バスト」に言い換えるのが適当です。同様に、「尻」は「ヒップ」に言い換えるのが適切。

□体つき↓背格好

たとえば、「体つきがそっくり」というよりも、「背格好がそっくり」というほうが、日本語としてはこなれています。「身長体重が同じくらい」も、「背格好が似ている」と言い換えると、大人の日本語になります。

□べろ↓舌

多くの辞書では、「べろ」を「舌の俗称」としています。「べろでなめる」や「べろを出す」なども、品のいい言葉ではないので、まだしも「舌」を使ったほうがいいでしょう。

□尾っぽ↓尾

日本語では、「尾」や「葉」のような一音の言葉は、聞き取りやすくするため、「ぽ」や「ぱ（葉っぱ）」のような接尾語がつくことが多いもの。ただし、これらの接尾語がつくと、幼稚な語感が生じます。少なくとも文章では聞き誤ることはないのですから、単に「尾」や「葉」と書いたほうがいいでしょう。

□腹一杯↓おなか一杯

「お」がついている分、「おなか」（お腹）のほうが、まだしも下品ではない言葉。おおむね、「腹《はら》」のつく語には品のない言葉が多いので、言い換えを考えたほうがいいでしょう。たとえば、「腹ぺこ」や「すきっ腹」は「空腹」に言い換えるなどして使います。

□膝小僧↓膝頭

「膝小僧」はかわいい言葉ですが、大の大人が「膝小僧をぶつけましてね」などと言うと、いささか幼稚に聞こえてしまいます。「膝頭をぶつけましてね」といったほうがいいでしょう。

□顔つき↓顔だち

「顔つき」、「顔だち」は、ともに容貌、表情のことですが、「顔だち」のほうがやや上品に響きます。他には、「面差《おもざ》し」も品を感じさせる言葉。「ふとしたときの面差しがお父さんにそっくりですね」などと使います。

□目つき↓まなざし

ともに、目の様子を表す言葉ですが、「まなざし」のほうが品のある言葉。たとえば、「鋭い目つきで見つめる」は、「鋭いまなざしで見つめる」と言い換えると、やや格調高く聞こえます。

□へっぴり腰↓及び腰

「へっぴり腰」は、漢字では「屁っ放り腰」と書きます。品のある言葉ではないので、「及び腰」に言い換えたほうがいいでしょう。意味は、ともに不安定な腰つき、不安定な態度のこと。

□しかめっ面↓渋面《じゅうめん》

「しかめっ面」を熟語に言い換えると「渋面」になります。「渋面を作る」など。また、「苦々しい顔つき」と言い換えることもできます。

3　上品な日本語を使う人が外さないポイントは？

■動詞を品のいい大和言葉に言い換える①

□会う→お目もじする

「お目もじ」は、漢字で書くと「御目文字」で、「会う」の謙譲語。「お目にかかる」を雅《みや》びに表した言葉といえ、「子細は次回、お目もじした折に〜」などと使います。なお、「〜文字」がつくのは、もとは宮中で使われた女房詞で、「湯もじ」（浴衣のこと）、「かもじ」（かつらのこと）、「ひもじい」なども、もとは宮中で使われた一種の隠語です。

□気がとがめる↓心苦しい

「心苦しい」は、相手の配慮や親切に対して使う言葉。「ご配慮のほど、ありがたくて心苦しいほどです」などと用います。

□酒を飲む↓聞こし召《め》す

「聞こし召す」は、もとは「聞く」の尊敬語で、お聞きになるという意味。その一方、「酒を飲む」ことの尊敬語としても使われています。ただし、現在では、敬語ながらも、からかい半分で使われることが多く、「今日は相当に聞こし召されたようですね」などと使われています。

□想像する↓思いを馳せる

「思いを馳せる」は、大和言葉の〝人気アンケート〟をとると、かならず上位にくる人気の言葉。意味は、親愛の情をこめて想像することで、「ふるさとに思いを馳せる」や「離れて住む妻子に思いを馳せる」などと使います。

□好意を抱く↓心を寄せる

「心を寄せる」は、好意を抱く、あるいは思いをかけるという意味。「旅先で知り合った異性に、心を寄せる」などと使います。

□待つ↓心待ちにする

「心待ちにする」は、今か今かと思いながら待つことで、「息子の帰省を心待ちにする」などと使います。単に「待つ」というよりも、こまやかな情愛を感じさせる言葉です。

□のんびりする↓なごむ

漢字で書けば「和む」で、気持ちがおだやかになる、心がのどかになるという意味。「子供の笑顔に心が和む」、「妻の笑顔に気持ちが和む」などと使います。

□目立つ↓水際立つ

「水際立つ」は、ひときわ目立つという意味。「目立つ」ときは、悪い方向に目立つこともありますが、「水際立つ」はつねにポジティブな形容として使うことができます。とりわけ、芝居関係では、「水際立った演技」が慣用句のように使われています。

■動詞を品のいい大和言葉に言い換える②

□精を出す↓いそしむ

「いそしむ」は、漢字では「勤しむ」と書き、努め励むこと。一方、「精を出す」は「金儲けに精を出す」、「子作りに精を出す」のようにも使われる言葉。「研究」や「勉学」には、「いそしむ」のほうが似合います。

□いい匂いがする↓かぐわしい

漢字では「芳しい」と書いて、「かぐわしい」とも「かんばしい」とも読みます。なお、「かぐわしい乙女」という言葉は、いい匂いがするという意味ではなく、一種の比喩表現で、「香気を放つように美しい」という意味。

□熱中する↓ひたむき

「ひたむき（直向き）」は、ひとつの目的、物事に対して打ち込むさま。「ひたむきな態度」、「ひたむきな努力」、「ひたむきな情熱」などと使います。「いちず」（一途）も同じように使える言葉です。

□同情する↓思いやる

「思いやる」は、親身になって考えることです。「思いやりのある人」など。

□妥協する↓折り合う

「折り合う」は、互いに譲り合って、話がまとまること。「妥協する」と同じ意味なのですが、日本風の和の心を感じさせる言葉（P173、P176参照）。

□接待する↓もてなす

「もてなす」は、心を込めて接客すること。「おもてなし」、「丁重にもてなす」、

「心を込めてもてなす」などと使います。

□承知する↓わきまえる

「わきまえる」（弁える）は、物事の善悪を心得ていること。「礼儀を弁える」、「場所柄をわきまえる」などと使います。

□祝う↓言祝《ことほ》ぐ、寿《ことほ》ぐ

「言祝ぐ」は、もとは、祝いの言葉を述べること。今は、単に「祝う」という意味で使われています。「新春を言祝ぐ」など。「寿ぐ」とも書きます。

□仲介する↓取りなす

「取りなす」は、仲直りさせる、雰囲気をとりつくろうという意味（P193参照）。「両者の関係を取りなす」、「座を取りなす」などと用います。漢字では「執りなす」とも書きます。

□いいかげんにする↓おろそかにする

「おろそか」（疎か）は、物事をいいかげんにすませること。「仕事をおろそかにする」が定番の使い方です。

■形容する言葉を優雅に言い換える①

□もっぱら↓ひとえに

「もっぱら」は、「ひとえに」（偏に）に言い換えることができます。「ひとえに○○さんのおかげです」、「ひとえに感謝いたします」、「ひとえにお詫び申し上げます」のように。

□普通ではない↓ひとかたならぬ

「ひとかたならぬ」（一方ならぬ）は、ひととおりではない、普通ではないという意味。「ひとかたならぬご配慮を賜り～」「ひとかたならぬお世話になり」が定番の使い方です。

□少しも→露とも

「露とも」は、打ち消しの言葉を伴って、「少しも〜ではない」という意味をつくる副詞です。「露とも存じませんでした」、「露とも疑いませんでした」などと使います。

□いつまでも→幾久しく

「幾久しく」は、いつまでも、末永くという意味。「幾久しくお幸せに」は、結婚披露宴で新郎新婦にかける定番のフレーズ。

□控えめ→しおらしい

「しおらしい」は、慎み深く、どことなく可愛げなさま。「しおらしく振る舞う」などと使います。「今日は妙にしおらしいね」などと、相手をからかう場合にも使われます。

□失礼ながら→おそれながら

「おそれながら」は、「恐縮ですが」や「畏れ多いことですが」という意味。「おそれながら申し上げます」は、目上に意見を言うときの前置きフレーズ。

□仮に→よしんば

「よしんば」は、「よしんば負けたとしても」、「よしんば間違っていたとしても」のように使い、ネガティブな仮定専用の言葉といえます。「かりにそうであっても、○○する」という決意表明の形で使うことが多い言葉です。漢字では「縦んば」と書きます。

□適切に→いみじくも

「いみじくも」は、古語「いみじ」の連用形に助詞の「も」がついた形。「いみじ」はすばらしいという意味で、「いみじくも」はまことに適切に、という意味。現代では「いみじくも、おっしゃったように」という形でよく使われ、これは「まことに適切に表現されたように」と、相手の発言を持ち上げる言葉。

□思いがけなく↓たまさか

「たまさか」は、思いがけないさま、めったにないことを意味する言葉。漢字では偶然の「偶」を使い、「偶さか」と書きます。「たまさか、出会えたからよかったけれど」などと用います。

□ゆっくり↓ごゆるりと

「ゆるり」は、ゆっくりの古風な言い方。今は「ごゆるりとお過ごしください」、「ごゆるりとお寛《くつろ》ぎください」という形で、よく使います。

□意に反して↓心ならずも

「不本意ながら」や「しかたなく」「やむをえず」も、「心ならずも」に言い換えることができます。「心ならずも、計画を断念する」、「心ならずも、承服する」のように。

□惜しいことには↓惜しむらくは

「惜しいことには」も「惜しむらくは」も、ともに「残念なことには」という意味。「惜しむらくは」のほうが、文語的な分、やや格調高く聞こえます。「好漢、惜しむらくは〜」が定番の使い方。

□やかましい↓かまびすしい

「喧しい」は、「やかましい」とも「かまびすしい」とも読みます。意味はほぼ同じですが、後者のほうが、やや格調高く響きます。「かまびすしい蝉の声」「外野が何かとかまびすしいようですが」など。

□意外に↓思いの外《ほか》

「思いの外」は「案外」という意味です。「思いの外、すんなり事が運びました」などと使います。また、「思いがけず」や「思いもよらず」と言い換えることもできます。

□でしゃばった↓さしでがましい

「さしでがましい」は、でしゃばったさま、よけいなことをするさま。「さしでがましいようですが、一言いわせてください」などと使います。

□つらい↓やるせない

「やるせない」（遣る瀬ない）は、思いを晴らすことができず、せつない、という意味。「やるせない思いで一杯です」などと使います。なお、「やるせない」が定型の形容詞であり、「やるせぬ」という言葉はありません。

□十分ではない↓及ばずながら

「及ばずながら」は、行き届かないが、という意味で、人の手助けをするときに、自分の能力を謙遜していう言葉。大人語としては、「及ばずながら、お手伝いさせていただきます」が定番の使い方です。

■形容する言葉を優雅に言い換える②

□かすかにある→そこはかとない

「そこはかとない」は、辞書的にいうと、「何となく、あることが感じられるさま」。つまりは「かすかにある」という意味で、「そこはかとなく漂う香り」などと使う形容詞です。

□きりっとしている→りりしい

「りりしい」（凛々しい）は、きりっとして引き締まっているさま。「勇ましい」という意味を含むので、男性に対して使うとしっくりくる形容詞です。「りりしい表情」、「りりしい目元」、「りりしい姿の若武者」などと使います。

□弾力がある→しなやか

「しなやか」は、弾力があって、よくしなうさま。「しなやかな指」、「しなやかな身のこなし」などが本来の使い方ですが、現代では意味が広がって、「しなやかな発想」、「しなやかな生き方」などと、「柔軟」の言い換えにも使われています。

□すごく、超→いたく

何でもかんでも「すごく」と形容するのは、語彙力不足の見本。また、「超」は大人相手の会話には使えない言葉。たまには、「いたく」と言い換えたいところです。漢字では「甚く」と書き、「甚だしい」という意味。「いたく感激する」、「いたく悲しむ」など、〝感情関係〟によく似合う言葉です。

□そのうえ→あまつさえ

「あまつさえ」は、漢字では「剰え」と書き、「そのうえに」という意味。ただし、実質的には「さらに悪いことには」という意味で、悪いことが続けて起きるとき専用に使われています。「風が吹き荒れ、あまつさえ雨まで降りはじめた」というように。

□結局は↓つまるところ

「結局は」、「つまるところ」はともに、ネガティブな言葉がそのあとに続きます。「つまるところは力不足」、「つまるところ、無理ということですね」などと使います。

□無益に↓いたずらに

「いたずらに」は、漢字では「徒に」と書き、むだに、意味もなく、という意味。現代では、「いたずらに歳を重ねる」、「いたずらに時を費やす」、「いたずらに犠牲を増やす」などが定番の使い方。

□ますます↓いやがうえにも

「いやがうえにも」は、いよいよ、ますます、という意味で、「いやがうえにも興奮が高まる」、「いやがうえにも気勢が上がる」などと使います。漢字では「弥が上にも」と書きます。

□残らず↓余すところなく

「余すところなく」は、残らずすべて、という意味で、「実力を余すところなく発揮する」などと使う言葉。なお、口語では「余すことなく」も使いますが、多くの辞書は「余すところなく」を見出し語にしています。

□最高↓何《なに》にもまして

「何にもまして」は、他の何事よりも上、という意味。口語でこの言葉を使うときには、「なんにもまして」ではなく、「なににもまして」と発音したいもの。「何にもまして、人命が大事だ」など。

□ずぶずぶの関係↓密接な関係

「ずぶずぶの関係」というと、ワイロをやりとりしているような後ろめたい関係に聞こえます。「相当、密接な関係らしいですよ」程度の表現でも、相手が大人であれば、こちらの言わんとするところは伝わるもの。

■〝感情的な言葉〟を上品に言い換える

□いらいらする→苛立たしい

「いらいらする」のような、同音の言葉を繰り返す言葉は、おおむね格調は高くないもの。たとえば、「いらいらする話ですね」は「苛立たしい話ですね」と言い換えたほうが、大人度が高くなります。

□焦る→心急《せ》く

「焦る」は「心急く」に言い換えると、大人度が高まります。「少々、心急くことがございまして」などと使います。

□気に入らない→意に満たない

「気に入らない」や「満足できない」は、「意に満たない」に言い換えることができます。「気に入らない作品」は「意に満たない作品」のように。

□ぞくぞくする→わくわくする

「ぞくぞくする」は、風邪をひいて、寒けがするときにも使う言葉。喜びや期待で感情がたかぶるさまは、「わくわくする」を使ったほうがしっくりきます。

□かわいそう→痛ましい

「かわいそう」は、「痛ましい」に言い換えると、大人度が上がります。「かわいそうな事故」を「痛ましい事故」と言い換えるように。なお、「傷ましい」とも書きます。

□哀れ→不憫《ふびん》

「哀れ」は、このままでも大人の会話に使えますが、「不憫」に言い換えることもできます。「哀れに思う」は「不憫に思う」、「哀れでならない」は「不憫でならない」のように。

□親しい↓気の置けない

「親しい」は、「気の置けない」「心安い」「気安い」「仲がよい」「昵懇《じっこん》」などに言い換えることができます。相手との関係、付き合いに応じて、使い分けたいところ。

□心配↓懸念、憂慮

「懸念」と「憂慮」は意味には似ていますが、使う〝時間帯〟が違い、「懸念」は悪い事態が起きる前、「憂慮」は悪い事態がある程度進行しているときに使うと、しっくりきます。また、「心痛」や「頭痛の種」と言い換えることもできます。

Column

冠婚葬祭で大人の言葉遣いができる人、できない人

×高い席から→○この場をお借りして

結婚披露宴でスピーチをする際、「高い席から失礼いたします」と話しはじめる人がいますが、こういうと、他の人の席を「低い席」扱いすることになってしまいます。「この場をお借りして」「おめでたい席をお借りして」といえば、そういう失礼を回避できます。

×末席ながら→○おめでたい席

また、結婚披露宴でスピーチする際、「末席ながら」という言葉を使うと、その席を決めた新郎新婦らに対し、「自分は末席に座らせられた」といっているようにも聞こえてしまいます。「おめでたい席をお借りして、一言ご挨拶申し上げます」や「この場をお借りして」というのが大人の物言い。

×ご祝儀→○お祝いのしるし

披露宴の受付で、祝儀を渡すときに、「ご祝儀でございます」というのは、ぶしつけも物言い。大人なら、「本日はおめでとうございます。お祝いのしるしです」くらいのセリフは心得ておきたいもの。

×急死→○急逝

人の死を表すときは、「死亡」を「逝去」に言い換えるのが常識。同様に「急死」は「急逝」に言い換えます。「○○さんが急死されました」というよりも、「急逝されました」というほうが、丁重な弔意を表せます。「頓死」や「即死」は論外。

×火葬場→○斎場

「火葬場」は、いかにも生々しい言葉なので、「斎場」と言い換えたいもの。「斎場」は、もとは寺社のある清浄な場所という意味で、今はおもに火葬場という意味で使われています。「青山斎場」など。むろん、「焼き場」は生々しすぎるうえ、下品で論外。

×棺桶→○お棺《かん》、柩《ひつぎ》

「棺桶」は、「お棺」や「柩」に言い換えると、大人らしい言葉づかいになり、故人への弔意をこめることができます。

×墓場→○墓地、霊園

「墓場」は、今ではやや品を欠く呼び方なので、「墓地」か「霊園」に言い換えます。「墓石《はかいし》」も、「墓石《ぼせき》」か「墓碑」に言い換えるのが適切。

第6章

ポジティブな言葉が、人間関係をあたたかくしてくれます

1　いろいろなものをほめるための「大人語」

■「いいところ」を見つけたらほめてみる

□住みやすいところ

住みやすいところと伺っています

「住みやすいところ」は、相手の家のある場所をほめるための言葉。相手が自分の住む場所について話し出したときは、「住みやすいところと伺っています。いい所にお住まいですね」と応じるのが、大人の社交辞令です。

□ご高名

ご高名はかねて伺っております

前述した通り、「高名」は有名で評判がよいことで、初対面の相手を持ち上げる定番語。「ご高名は、かねがね承っておりました」のように使います。

□時間を忘れる

思わず時間を忘れてしまいました

「時間を忘れる」は、パーティや宴会に参加したとき、「たいへん楽しかった」という気持ちを伝える定番表現。「思わず、時がたつのを忘れてしまいました」のように使います。

□有意義な時間

有意義な時間を過ごすことができました

「有意義な時間」は、セミナーや勉強会などの後に使う定番表現。会合終了後、主催者や誘ってくれた人に対して、一声かける社交辞令です。たとえば、勉強会後、「誘っていただき、ありがとうございました。有意義な時間を過ごすことができました」などと頭を下げます。

□姉妹のよう

まるで、姉妹のようですね

母と娘が連れだって歩いてるとき、こう声をかけると、少なくとも母親には喜ばれること請け合い。「いやァ、お若い！　まるで、姉妹のようですね」というように。

□また一段と　また一段とお美しくなられましたね

女性に対して、「きれいになりましたね」というと、「では、前はどうだったというの？」と思われかねません。「また一段と」や「ますます」を使うのが、外見をほめるときに頭に入れておきたい言葉です。

■喜んでもらうためのお決まり表現

□人が集まる　人が集まる方ですね

「人が集まる」は、友人・知人が多い人へのほめ言葉。「○○さんって、本当に人が集まる人ですよね」のように使います。単に「友だちが多いですよね」というよりも、ほめ効果は高くなります。

□ご人徳　○○さんのご人徳だと思います

「ご人徳」（P248参照）は、相手の人柄をたたえるときに使う言葉。「これも、ひとえに○○さんの人徳ゆえだと思いますよ」「○○さんのご人徳あってこそです」のように、人柄を持ち上げます。

□器が大きい　器が大きい人ですね

「器が大きい」は、器量のある人への賛辞。「器の大きさを感じさせる人物です」のように使います。「スケールが大きい人」、「度量が大きい人」も同様に使える言葉です。

□裏表がない　裏表がない人

「裏表がない」は、どんなときにも態度を変えることがないという意味。「裏表がない人ですから安心です」、「裏表がないご意見を拝聴いたしました」のように用います。

□人の痛みがわかる

人の痛みがわかる方ですよ

「人の痛みがわかる」は、思いやりのある人物をほめるときの言葉。「○○さんって、人の痛みがわかる人ですね」といえば、「思いやりのある人」という以上に、人の辛い思いや苦しみを理解できるという意味合いが強くなります。

□ぶれない

ぶれないところが魅力です

「ぶれない」は、もとは揺れ動かないことですが、近年は、信念があり、節《せつ》を曲げないことを表す言葉して使われています。「彼は、ぶれないところが魅力ですです」のように。

□存在感がある

存在感がありますね

「存在感がある」は、無口で内向的な人に使うと、効果的なフレーズ。具体的なほめ言葉を思いつかない人に対して、「○○さんって存在感がありますね」のように、使うことができます。

□研究熱心　　**いつも研究熱心ですね**

「研究熱心」は、相手の勉強ぶりをほめるための言葉。「研究熱心ですね」、「よく研究されていますね」のように、感心する気持ちを表します。

□打たれ強い　　**打たれ強いですねえ**

「打たれ強い」は、逆境に強いという意味。「打たれ強いですねえ」、「近頃では珍しいほど、打たれ強い若者ですよ」のように、相手の失敗や挫折を乗り越える力をほめることができる言葉です。

□はまり役　　**はまり役だと思いますよ**

「はまり役」は、相手がその仕事に向いていることを表す言葉。「はまり役だと思いますよ」などと、その人の能力、適性を評価する言葉です。

□紳士的　　**紳士的な方ですよ**

「紳士的」は、考え方や立ち居振る舞いが〝紳士〟らしく、立派であるさま。「紳士的な態度」、「紳士的な人物ですよ」などが、定番の使い方です。

□お目が高い

さすが、お目が高い

「さすが、お目が高い」は、相手の眼力の鋭さ、深さを讃えるときの言葉。「さすが、お目が高い」などと、相手の眼力をほめあげる言葉です。

□地頭がいい

○○さんは地頭がいいから

「地頭がいい」は、「偏差値では測れない先天的な頭のよさ」という意味で使われている言葉。昨今は、「頭がいい」よりも、「地頭がいい」といったほうが、相手をより喜ばせるほめ言葉になるようです。

2　ネガティブな日本語を頭の中から追い出そう

■基本語を前向きに言い換える

□悪い→適当でない

「悪い」はストレートすぎる否定であり、こういうと、往々にして角が立つもの。「適当でない」や「いいとはいえない」など、否定形で表現すると、婉曲化することができます。

□嫌い→好みではない、苦手

「嫌い」も、ストレートすぎる否定表現。「好みではない」と、自分の感覚には合わないことにポイントを置く表現に言い換えると、全面否定したことにはなりません。また、「苦手」と言い換えても、自分の感覚に原因があることになるので、角が立ちません。「私には、合わないようで」という言い換え方もあります。

□難しい↓簡単ではない

たとえば、「難しいと思いますよ」というよりは、「簡単ではないと思いますよ」といったほうが、婉曲に聞こえ、角が立たないでしょう。また、「容易ではない」と言い換えることもできます。

□うざい↓雰囲気が悪い

「うざい」は、下品な若者言葉。「うざい」が場所を形容する場合は「雰囲気が悪い」、人を形容する場合は「近づきたくない」などに言い換えるといいでしょう。

□まずい↓食べ慣れない

「まずい」というと、作り手の責任になりますが、「食べ慣れない」といえば、「おいしくない」と感じるのは自分の味覚の問題になります。「食べつけない」という言い方もあります。

□つまらない↓ピンとこない

「つまらない」というと、相手を否定することになりますが、「ピンとこない」は自分のセンスに起因する感覚であり、相手を全面否定したことにはなりません。

□ありきたりの↓定番の

「ありきたり」なものは、誰もがよく知り、よく使っているもの。その点をポジティブにとらえると、「定番の」と言い換えることができます。他に、「おなじみの」「人気の」「お約束の」と言い換えることも可能。「どこにでもあるような」も、同様に言い換えることができます。

□むかつく↓腹立たしい

「むかつく」は俗語であるうえ、近年は若者言葉として濫用され、大人はいよいよ使えない言葉になっています。「腹立たしいかぎりです」や「怒りたくもなりますよ」などに言い換えるのが、大人の物言いといえます。

□平凡な↓手堅くまとまった

「平凡」であることをポジティブにとらえると、「堅実」や「手堅くまとまっている」と表すことができます。あるいは「標準的」という言い方もあります。

□新味に欠ける↓オーソドックスな

新しさに欠けるということは、よくいえば「オーソドックス」であり、「伝統的」であり、「落ちついている」ということ。人の陳腐な意見は「足が地についた意見」と言い表すこともできます。

□青い↓青々としている

「青」は不思議な言葉で、単に「青い」というと、「顔が青い」など、生気がないという意味になります。その一方、「青々としている」というと、「青々とした草木」など、生気を感じさせるという意味になります。

■ネガティブな動詞を言い換える

□怒る↓気色《けしき》ばむ

「気色ばむ」は、怒りの感情が表に出るさま。「怒られましてね」は「気色ばまれましてね」と言い換えると、大人っぽく聞こえます。

□嫌う↓煙《けむ》たがる

大人は、悪口をいう場合でも、「嫌う」のようなストレートすぎる言葉は避けるもの。「周囲から嫌われていましてね」は、「周囲から煙たがられていましてね」と言い換えると、大人の物言いになります。

□へこむ↓落ち込む

気分が落ち込むという意味の「へこむ」は、若者言葉かつ俗な言葉であり、目上に対してや、あらたまった席では使えません。「落ち込む」「気分が滅入る」「落胆する」などを使って、たとえば「少し落ち込んでおられたようです」のように言い換えるといいでしょう。

□愚痴る→こぼす

「愚痴る」は、「さんざん愚痴られましてね」のように、くどくどと嘆くことをネガティブに表現する言葉。一方、「こぼす」は「こぼされていましたよ」など、多少は同情がこもっているようにも聞こえる表現。

□解《げ》せない→釈然としない

たとえば、「解せませんね」は「釈然としませんね」、「釈然としないところがございます」に言い換えると、丁寧な感じになり、大人度がアップします。

□困る→途方に暮れる

「困る」や「困り果てる」は、成句の「途方に暮れる」に言い換えることができます。「どうしたものかと、途方に暮れています」などと使います。

□うんざりする↓閉口する

「うんざりしましたよ」というと、感情的にも聞こえますが、漢熟語を使って「閉口する」と言い換えると、多少は客観的に聞こえます。

□尻込みする↓気後《きおく》れする

「尻」のつく言葉は、あらたまった場所では避けるのが常識。「尻込みする」は「気後れする」や「臆する」と言い換えることができます。また、「尻に火がつく」は、適当な言い換えの言葉がないので、「のんびり構えていられなくなる」のように言い換えるといいでしょう。

□気が散る↓気もそぞろ

「気もそぞろ」（漫ろ）は、そわそわして落ちつかないさまを表す定番句。たまにこういう言葉を使うと、語彙が豊富のように聞こえるもの。

□やる↓する、行う、与える

「やる」は、セックスや殺人を意味することもある言葉。「やる」は、自分の〝辞書〟から消去して、すべて言い換えるつもりで話したり、書いたりすると、言葉に品が出てくるはず。

□にたにたする↓微笑む、笑う

「にたにたする」は、意味ありげに薄気味悪く笑うという意味合いを含みます。人に対して「何、にたにたしているの」などと使うのは、「にやにやしている」以上に失礼な言葉の選び方。

□がなる↓大声を上げる

「がなる」は、江戸時代から使われてきた俗語。語感が下品なので、「どなる」のほうがまだマシ。さらに、大人度を上げると「大声を上げる」になり、「そんな、大声を上げないでください」のように使います。

□だまくらかす↓だます

「だまくらかす」は、「だます」の俗な言い方。単に「だます」か、「欺《あざむ》く」に言い換えることができます。「だまかす」も俗語的なので、同様に言い換えるといいでしょう。

□くすねる↓着服する

「くすねる」は、人のものを自分のものにしてしまうこと。おおむね、このような、よくない意味の言葉は「熟語＋する」の形のサ変動詞に言い換えると、多少は上品な言葉になります。「猫ばばする」も「着服する」に言い換えることができます。

□せびる↓無心する

これも、前項と同様、「熟語＋する」の形で、多少は上品になる言い換え。「せびる」は、金や物をもらうため、しつこく頼むこと。「ねだる」にも言い換えられますが、「無心する」にすると、より大人度が高くなります。「親に小遣いを無心する」などと使います。

□ぐでんぐでんになる↓深酔いする

「ぐでんぐでんになる」は、泥酔して正体がなくなるさま。「泥酔する」も醜態というニュアンスを含むので、人に対して使うときは「深酔いする」のほうがいいでしょう。「珍しく、深酔いされたようですねえ」のように。

□乗っかる↓乗る

「乗っかる」や「乗っける」は、もとは関東地方の方言。「乗る」のくだけた表現で、「(車に)乗っかっていかれますか」などと使われています。ただし、「乗っかる」という俗な動詞を敬語化しても、ミスマッチな感じが残るので、単に「乗っていかれますか」のほうがベター。

□ほじくる↓えぐる

「ほじくる」は、「鼻くそをほじくる」という形でよく使われることもあって、語感が下品。「えぐる」に言い換えたほうがいいでしょう。「傷口をえぐる」など。

□どける↓のける

「どける」は、「のける（退ける）」から派生した俗な言い方。「のける」「除く」「取り除く」などに言い換えられます。

□とっちめる↓懲《こ》らしめる

「とっちめる」は「取って締める」が音変化した言葉。おおむね、音変化した言葉は安っぽくなり、大人語としては使えないことが多いもの。「懲らしめる」「責める」「やりこめる」に言い換えたほうがいいでしょう。

□おたおたする↓度を失う

「おたおたする」は、落ち着きを失うこと。「おたつく」や「あたふたする」も同様に「度を失う」に言い換えることができます。

□首になる↓解任される、免職される、辞職する

「首になる」は、自分が失職したときに自嘲的に使うことはできますが、人に対して使う場合には「解任される」などに言い換えたほうがいいでしょう。

□丸め込む↓懐柔する、籠絡《ろうらく》する

「丸め込む」「抱き込む」「手なずける」などの〝人を操る系〟の言葉は、「熟語＋する」のサ変動詞の「懐柔する」などを使ったほうが、生々しさを消すことができます。

□顔出しする↓出席する

人に対して「顔出ししているそうですね」などと使うと、場違い、出しゃばりという意味合いが生じてしまいます。単に「出席されているそうですね」といえば、ニュートラルに質問できます。なお、「顔出しする」も、「ちょっと顔を出しましたところ」などと、自分のことに使うのはＯＫ。

□歯ぎしりする↓歯噛みする

「歯ぎしりする」も「歯噛みする」も、ともに悔しがるさまを表す言葉ですが、「歯噛みする」のほうがやや格調高く聞こえます。「歯噛み」は歯を食いしばることで、「歯噛みして悔しがる」などと使います。

□たむろする↓集《つど》う

「たむろする」（屯する）は「不良が屯する」のように、ネガティブな意味に使うことが多い言葉。そういう意図がない場合は、「集まる」や「集う」を使ったほうがいいでしょう。

□うろつく↓ぶらつく

「うろつく」も、「怪しい男がうろつく」など、ネガティブな意味に使われることが多い言葉。だから、人に対して「近くでも、うろついてきたら」などと、散歩をすすめるのはNG。「近くでも、ぶらついてきたら」のほうがまだマシな物言いです。

□**舌なめずりをする↓待ち構える**

「舌なめずりをする」は、もとは食べ物を前にして、舌で唇をなめ回すさま。今は、狙ったものを前にして、気持ちが高ぶるという意味で使われることが多い言葉です。その意味の場合、「待ち構える」や「期待に胸を弾ませる」に言い換えることができます。

□**いじる↓弄《もてあそ》ぶ**

「弄る」は「いじる」、「弄ぶ」は「もてあそぶ」と読みます。むろん、後者のほうが、言葉としての格調は高く、たとえば「髪をいじる」は「髪をもてあそぶ」と言い換えたほうが上品に聞こえます。

□**あさる↓探す**

「あさる」は、「残飯をあさる」「ゴミをあさる」などとも使う言葉。「探す」という意味で使う場合には、「探す」や「探し回る」に言い換えたほうがいいでしょう。

また、「あさる」は、「買いあさる」「読みあさる」「聞きあさる」のような複合動詞としてもよく使われます。こちらは、下品さが緩和されているので、文章で使うことも可能です。

■品のない複合動詞を上品に言い換える

□眠りこける→熟睡する

複合動詞には、動詞の意味を強調するため、後半に品を欠く語が連なっているケースが少なくありません。「眠りこける」もその一例で、「こける」という接尾語は品があるとはいえません。「寝っころがる」や「寝そべる」も、「横たわる」と言い換えたほうが、品がよくなります。

□甘ったれる→甘える

「～たれる」は、動詞の意味を強調し、かつ下品にもする接尾語。多くの場合、省いたほうが品のいい言葉になります。たとえば「しみったれる」は語感が強すぎるうえ、下品なので、「けちけちする」といったほうが多少はマシ。

□付け込む↓乗じる

「付け込む」は、「弱みに付け込む」などと使う言葉であり、語感はよくありません。「乗じる」のほうが下品さを消すことができます。

□盗み見る↓かいま見る

「盗み見る」「盗み食い」など、「盗む」の入った言葉はなるべく避けたいもの。ほぼ同じ行為でも、「かいま見たところ」と表現するのが大人の言葉の選び方です。漢字では「垣間見る」と書き、隙間からこっそりのぞき見るという意味。

■英語にすると「ほめ言葉」にも聞こえる言葉

□地味な↓シンプルな

こう言い換えると、地味さや素朴さを肯定的に表すことができます。

□がさつな↓アクティブな

「アクティブな」と言い換えるだけで、「行動的」というポジティブなニュアンスが生じます。

□人情味がない↓ドライな

「人情味がない」とは違って「ドライな」と形容すれば、冷静な判断力があるという前向きな意味合いが生じます。「厳しい」や「辛口な」も、「ドライ」に言い換えられます。

□教科書どおり↓オーソドックスな

「教科書どおり」というと、ありきたりで、つまらないというニュアンスを含みます。それを「オーソドックスな」と言い換えると、マイナスの意味合いは消えます。また、「ベーシックな」と言い換えることも可能です。

□**古臭い↓レトロな**

「レトロな」と形容すると、伝統を感じさせる趣や、懐かしい雰囲気をポジティブに表すことができます。「レトロな雰囲気のホテル」のように。

□**理屈っぽい↓ロジカルな**

「理屈っぽい話」というと、つまらない、冷たい、現実を見ていない、などの意味合いを含みます。一方、「ロジカルな話」と表現すると、論理的に正しい、知的なというポジティブな面に焦点を当てることができます。

■角が立たないように言い換える

□**損害↓不利益**

「損害」は、ビジネスでは最もネガティブといえる言葉。そこで、日本のビジネス社会では「不利益」に言い換え、「不利益をこうむる」「不利益が生じたときには」などと使っています。また、金銭的な「損失」は、「赤字」と言い換えると、深刻なニュアンスを弱められます。「損失が出ましてね」は「赤字が出ましてね」というように。

□間違い↓行き違い

「間違い」「誤り」「ミス」「失敗」といった言葉を使うと、相手の責任を追及するニュアンスが生じるもの。一方、「行き違い」を選ぶと、原因はコミュニケーションのミスということになり、相手を責めるニュアンスを薄めることかできます。たとえば、「今回の失敗の原因は」は、「今回の行き違いの原因は」と言い換えるという具合です。

□不信感↓怪訝《けげん》な思い

相手の言動が信用できないときでも、「不信感を抱かざるをえません」というと、かなり険悪なムードになることでしょう。「いささか、怪訝な思いがしております」と、やんわり指摘するのが大人の口の利き方。

□**騒音→ざわめき**

前後の言葉によっては、「ざわめき」という大和言葉がしっくりくるもの。「木々のざわめき」や「場内のざわめきがおさまる」のように。

□**恥→名折れ**

「名折れ」は、名誉が損なわれること。「一門の名折れ」などと使います。

□**別れる寸前→秋風が吹く**

「秋風が吹く」は、秋と飽きをかけた言葉で、男女の愛情が冷めることをいいます。「秋風が立つ」も同様の意味の言葉。

□**人だかり→人垣、人波**

「人だかり」というと、物見高い野次馬が集まっているよう。「人垣」や「人波」に言い換えると、そうしたマイナスのイメージは消えます。

□おべっか↓お世辞

「おべっか」は、人に取り入るためのお世辞。「おべんちゃら」と同様、相手の態度を侮蔑する言葉なので、単に「お世辞」に言い換えるのが大人の物言い。

□馬鹿笑い↓大笑い、高笑い

「馬鹿」のつく言葉は、極力言い換えたほうがいいでしょう。「馬鹿正直」は「真っ正直」、「馬鹿騒ぎ」は「大騒ぎ」、「馬鹿らしい」は「つまらない」に言い換えるのが妥当なところ。「馬鹿馬鹿しい」は場合によって意味が変わる言葉ですが、「考えられない」くらいが汎用的に使える言い換え。

□面汚し↓名折れ

「面汚し」は、ある集団の評判を傷つけること、あるいは、そういう人のこと。人に対して使うと、強烈な批判になり、人間関係をこわすことにもなりかねません。「一族の面汚し」といいたいところでも、「名折れ」（P324参照）を使い、「一族の名折れ」くらいにとどめたほうがいいでしょう。

□無駄話↓世間話

「無駄話」は、「無駄」という言葉を含むため、人に対して使うのは失礼。「世間話」や「四方山話」、あるいは「雑談」に言い換えるといいでしょう。「世間話をされていたようですよ」のように。

□利口↓賢明、聡明、利発

「利口」は、「あの人は利口だから」のように、嫌味を込めて使われることがある言葉。一方、「賢明」「聡明」「利発」は、そうしたニュアンスを含みません。純粋にほめ言葉として使いたいときは、後者の三語を使ったほうが誤解を招きません。

□共稼ぎ↓共働き

昭和の時代には、「共稼ぎ」という言葉がよく使われていましたが、「稼ぐ」の語感が露骨なためか、近年は使用頻度が激減し、今ではほぼ「共働き」に統一されかけています。

□悪妻↓恐妻

「恐妻」は、夫が頭を上げられないような妻のこと。「悪妻」というと、100%の悪口になりますが、「恐妻」や「恐妻家」（妻に頭が上がらない夫のこと）といえば、まだしもユーモアをまじえることができます。

□裏道↓裏通り

「裏道」は、比喩的に、本道に外れたまともではないやり方という意味でも使われる言葉。道路を表すときは、誤解を避けるため、「裏通り」を使ったほうがいいでしょう。

□だまし討ち↓不意打ち　急襲

「だまし討ち」は、相手を油断させておき、いきなりひどい仕打ちをすること。「だまし討ちを食らいましてね」といいたいところでも、「だまし」という言葉を避け、「不意打ちを食らいましてね」と言い換えるのが、大人の物言い。

□落第→不合格

「落第」は、試験に落ちることや進級できないことですが、今は前者の場合は「不合格」に言い換えるのが一般的になっています。こう言い換えると、前にも述べた「不」を使う効果で、ネガティブなニュアンスを薄めることができます。

□言いざま→口ぶり

「言いざま」は、「言いざまが憎々しくてね」などと、不愉快な話しぶりに使うことが多い言葉。そういうつもりがないときには、「口ぶり」に言い換えるといいでしょう。

□末期→晩期

「末期」は、「末期的」という言葉もあるように、滅びる寸前というニュアンスを含みます。そこで、より客観的に表すため、「晩期」や「終期」に言い換えることが増えています。歴史用語でも、縄文時代の終わりは「縄文末期」ではなく、

「縄文晩期」というように。

□真っ昼間→昼日中

「真っ昼間」は俗語的であるうえ、「真っ昼間から、~するとは何事だ」というネガティブな形で使われることが多い言葉。「昼日中」も同様に使われるものの、多少は品のある言葉。

□悪臭→異臭

近年、新聞やテレビなどのマスコミでは、「悪臭」ではなく、「異臭」と表現するようになっています。「異臭騒ぎ」のように。必ずしも、マスコミに従う必要はないのですが、参考まで紹介しておきます。

□コネ→つて、縁故

「コネ」はコネクションの略。「コネをつける」、「親のコネで就職できたらしい」のように、なんらかのずるさを感じさせてしまいます。「つて」「縁故」などに言い換えると、そのずるい感じを消すことができます。

■ネガティブなニュアンスを消す言い換え

□過保護↓温室育ち

「温室育ち」は、温室内の植物のように、大事に育てられること。比喩である分、「過保護」よりは婉曲な表現といえます。また、「乳母日傘《おんばひがさ》」も、今は乳母のいる家庭がほとんどないため、「温室育ち」に言い換えたほうがイメージしやすいでしょう。「いささか温室育ちなところがあって」など。

□荒唐無稽↓夢物語

「荒唐」は、勝手気ままな思いつき。「稽」は根拠のことで、「無稽」は根拠がないさま。あわせて「荒唐無稽」は、まったくもって現実性のないことを意味します。人から現実性のない話を聞かされたときは、「荒唐無稽」と思っても、「まるで夢物語のようで、にわかには判断できません」などと応じるのが、大人。

□二流、三流↓B級

「二流」「三流」というと、「一流」よりは明らかにレベルやグレードが下がることを意味します。一方、「B級」は、A級ではないからこそ得られるメリット、手軽さや値段の安さ、コストパフォーマンスのよさなど、ポジティブな意味合いを含みます。「B級グルメ」、「B級映画」などと使います。

□口出し↓口添え

「口添え」は、脇から言葉を添えること。いろいろ口出ししてくる相手に対して、「余計な口出しは無用」といいたいときでも、「お口添えの必要はありませんので」くらいにとどめるのが大人。

□不平、愚痴↓繰り言

「繰り言」は、本来は、同じことを繰り返して言うこと。そうした言葉の内容は、たいていは愚痴であることから、今は「愚痴」や「不平」という意味で使われています。「老人の繰り言とお思いでしょうが」など。

□お笑いぐさ→語りぐさ

「お笑いぐさ」の「ぐさ」は、「草」ではなく、「種」と書き、笑いを誘う材料、つまりは「物笑いの種」という意味。「まさしく、お笑いぐさですね」とはいわなくても、「長く、語りぐさになりそうなお話ですね」といっておけば、言いたいことは伝わるはず。

□居眠りする、うたた寝する→まどろむ

「居眠り」や「うたた寝」には、だらしない行為というニュアンスがあるので、人に対しては「まどろむ」を使ったほうがいいでしょう。「しばし、まどろまれたようですね」のように。

□その場しのぎ→間に合わせ

「間に合わせ」は、仮の物で当座の用をすませること。「間に合わせではございま

すが」などと使います。あるいは、「有り合わせ」と言い換えることもでき、「有り合わせの材料で作りました」など。

□氏素性→身元

「氏素性」は血筋や家柄のことですが、「氏素性がはっきりしない」など、悪意をこめて使われることが多い言葉。そうした意図がない場合には、「氏素性がはっきりしない」ではなく「身元がはっきりしない」、「氏素性を調べる」ではなく、「身元を調べる」と言い換えたほうがいいでしょう。

□身持ち→素行

「身持ち」は、ふだんの行いのことですが、「身持ちが悪い」など、性的にだらしない、ふしだらという場合に使われることが多い言葉。それ以外の意味で使う場合には、「素行に若干の問題があるようです」などと言い換えたほうが、誤解を招かないでしょう。

■「非」「不」「無」を使って婉曲化する

□反対→不賛成

ストレートな否定語を使うと、角が立ち、無用の摩擦を生むもの。そこで、大人社会では「不」や「無」のつく熟語を使って、婉曲を表現することが多くなります。これはその代表例で、「反対」とはっきりいうと反発を買いやすいため、「不賛成」とわざと回りくどく表現します。「同意を得られませんでした」や「不承知のようでした」も、「反対」を避けて、婉曲に表現するためのフレーズ。

□ダメ→不適当

人の意見やアイデアを全面否定すると、その人を敵に回しかねません。「ダメ！」と言いたいところでも、「不適当と思えるのですが」くらいにとどめるのが、大人の物言い。「不都合」や「不向き」と言い換えられるケースもあるでしょう。

□無能→非力

「無能」は、能力が低く、役に立たないことであり、人に対して使うのはむろんのこと、自分に関して使うにも、否定の意味合いが強すぎる言葉。自嘲する場合でも、「無能を思い知らされました」ではなく、「非力を思い知らされました」といったほうが、相手に引かれることはないでしょう。

□怪しい→不可解

「怪しい」を使うと、信用のできなさを批判することになります。そこで、たとえば「この一件には、怪しい点が多い」は、「この一件には、不可解な点が多い」と言い換えるといいでしょう。

□失敗→不首尾

人の「失敗」は、「不首尾」や「不成功」に言い換えるのが、大人の物言い。「A社との交渉、不首尾に終わったそうですね」のように。また、「不始末」や「不手際」に言い換えることもできます。「このたびの不始末に関しましては」など。

□軽率↓不用意

大人社会で「軽率」という言葉を使うと、強目の批判や悪口になってしまいます。「不」を使って婉曲化し、「不用意」と言い換えたほうがいいでしょう。「不用意な発言」や「不用意な行動」のように。

□野暮ったい↓無粋

相手に使うにしても自分に使うにしても、「野暮ったい」よりは「無粋」といったほうが、大人度は高くなります。「無粋な話ですね」、「無粋ですみません」のように。また、「無風流」や「無骨」に言い換えられる場合もあります。

□中途半端↓不徹底

たとえば、「指示が中途半端でした」というのは、謝罪の言葉としていささか軽く聞こえるもの。「指示が不徹底でした」と言い換えれば、謝罪の言葉として多少は重々しく聞こえます。

□見てくれが悪い↓不体裁

「見てくれが悪い」は、「見た目が悪い」以上に俗語的な言葉。「体裁が悪い」と言い換えると、多少は品がよくなります。また、「不」を使って「不体裁」と婉曲化することもできます。

3 相手に言っていいこと、いけないこと

■どうせなら、こう言い換えよう

□優等生↓優秀な学生

「優等生」は、成績や品行がすぐれた学生のことですが、「優等生的な回答」のように、個性を欠いて面白みがないという意味にも使われる言葉です。そこで、すぐれた学生に関しては「優秀な学生」といったほうが真意が伝わりやすいはず。

□腕っこき↓腕利き

「腕っこき」は、漢字では「腕っ扱き」と書き、「腕っこきの職人」などと使いま

すが、俗語的でやや下品な語感を含みます。スタンダードな言い方である「腕利き」を使ったほうがいいでしょう。

□古狐→古狸

「狐」も「狸」も、ともに人をだますといわれた動物。「古狐」も「古狸」も、油断できない者を意味するので、人に対して使うと悪口になります。両者では、「古狸」のほうが、愛嬌がある分、まだしもマシといったところ。

□変わり者→変わり種

「変わり者」は、要するに奇人変人のことです。それを「変わり種」と言い換えると、多少は表現がやわらかくなります。「親戚のなかの変わり種」「なかなかの変わり種ですね」など。

■悪口が悪口に聞こえなくなる

□応用がきかない↓基本に忠実

「応用」の反対語は「基本」。そちらを使って表現し、「基本を大事にする」や「基本に忠実」といえば、ほめ言葉のようにも聞こえます。それでも、相手が大人なら、言わんとするところは伝わるはず。

□決められない↓じっくり考える

なかなか「決められない」人は、「じっくり考える」や「人の意見をよく聞く」かもしれません。「優柔不断」も、同様に言い換えることができます。

□腰が重い↓思慮深い

何事にも「腰が重い」のは、じっくり考えることが理由かもしれません。そう考えると、「思慮深い」や「慎重に取り組む」と表すこともできます。「行動力がない」も、同様に言い換えられます。

□噂好きの人↓いろいろご存じの方

「ゴシップ好き」は、「何でもご存じの方」と言い換えることができます。また、「情報通」や「好奇心旺盛な方」に言い換えてもいいでしょう。

□騒がしい↓活気がある

「にぎやかな」でも○。「やかましい」や「うるさい」も、同様に言い換えることができます。

□うまく立ち回る↓状況が見えている

「立ち回る」というと、小ずるく行動するというニュアンスを含むことになります。悪口、少なくとも嫌味には聞こえる言葉なので、「状況判断がすばやい」などに言い換えるといいでしょう。

□派手な→華やかな

「派手な」というと、ネガティブな意味合いを含みますが、「華やか」「華がある」「ゴージャス」を選ぶと、ほめ言葉になります。「けばい」や「けばけばしい」も、同様に言い換えることができます。

□頼りない→争いごとを好まない

「頼りない」人は、おおむね「おっとりしている」人であり、「温厚」で「やさしい」人であることが多いもの。

□頑固→意志が固い

「頑固」は、次項の「頭が堅い」とほぼ同様の意味なので、「自分を曲げない」「迎合しない」「流されない」などに言い換えることができます。「融通がきかない」や「耳を貸さない」も同様に言い換えられます。

□頭が堅い↓ぶれない、信念がある

「頭が堅い」人は、人の意見に左右されないわけであり、「ぶれない」「信念がある」「自分がある」「自分を貫く」などに言い換えることができます。

■他人の評価をポジティブ変換する方法

□趣味がない↓仕事一筋

「趣味がない」のは、仕事に懸命に取り組んでいるからかもしれません。そう考えれば、「仕事一筋」のほか、「仕事熱心」や「仕事一途」に言い換えることができます。

□泥臭い↓土臭い

「泥臭い」も「土臭い」も、ともに洗練されていない、野暮ったいという意味の言葉ですが、「土臭い」のほうは「土臭い青年」など、素朴で野性的というポジティブな意味を含む場合があります。また、近頃は、「泥臭い」のほうも、小器

用には立ち回ろうとしない愚直さを表すなど、ポジティブな意味に使われることがあります。

□神経質な↓繊細な

神経質な人は「細かいところまで神経が行き届く」人であり、「目配りがきく」、「几帳面な」人でもあるでしょう。英語を使って「デリケート」と言い換えることもできます。

□性格が暗い↓控えめ

「性格が暗い」といわれる人は、「控えめ」で「もの静か」ともいえます。「大人の雰囲気がある」と言い換えられるタイプもいるはずです。

□臆病↓慎重

「臆病」は、「用心深い」「危険を冒さない」「手堅い」にも言い換えることができます。「気が小さい」「怖がり」や俗語の「びびり」も、同様に言い換えられます。

□鈍い↓マイペース

「鈍い」ということは、周囲の変化に動じないわけで、「マイペース」と言い表せるでしょう。また、そういうタイプは「余裕を感じさせる」ことがあるかもしれません。

□無愛想↓無口

「無愛想」というと悪口になりますが、「無口」といえばニュートラルな形容になります。このタイプは「クールな人」と表すこともできるでしょう。

□飽きっぽい↓いろいろなことに興味がある

飽きっぽくて、いろいろな趣味に手を出す人は、「多趣味」とも形容できます。

□目立たない↓場に溶け込んでいる

目立たない人は「場に馴染んでいる」とも表せます。また、そういう人は、「控えめな」や「遠慮がち」、あるいは「シャイな」と形容できるタイプかもしれません。

□悲観的→問題点が見えている

何事にも悲観的な人は、「現実がよくわかっている人」かもしれません。

□いいかげん→臨機応変

「いいかげんさ」の〝症状〟によって、言い換え方が変わってきます。場当たり的であるタイプは「臨機応変」や「融通がきく」と言い換えられます。また、細かいことをいいかげんにするタイプは、「細かいことを気にしない」や「度量が大きい」と表すといいでしょう。

□信念がない→柔軟

「柔軟」というと、臨機応変に対処する能力があるという意味になります。「場当たり的」や「朝令暮改」も、「柔軟」や「臨機応変」に言い換えると、ほめ言葉になります。

□騒々しい↓場を盛り上げる

何かと「騒々しい人」は、「場を盛り上げる人」であるほか、「エネルギッシュな人」であり、「世話好きな人」であることも多いもの。

□生意気な↓気骨がある

小生意気な若者に対しては、「見込みがある」という言い方で、大人の度量の広さをみせることができるはず。

□口が悪い↓率直

口の悪さも、「率直」や「正直な人」と表せば、肯定的な表現になります。

□遠慮がない↓堂々としている

「図々しい」や「厚かましい」も、同様に「堂々としている」に言い換えることができます。

□八方美人↓誰とでも仲良くできる

「誰とでも合わせられる人」ともいえますが、やや皮肉っぽくも聞こえます。

□おしゃべり↓誰とでも仲良く話せる

「口数が多い人は」は、「話上手」というポジティブなとらえ方もできるはず。

□独善的↓自分の考えに自信を持っている

「独善的」や「独りよがり」などは「自分の考えに自身を持っている」と言い換えることができます。

□友だちがいない↓人と群れない

タイプによっては、「自立している」と形容することもできるでしょう。

□堅苦しい↓折り目正しい

単に、「きちんとしている」や「真面目」にも言い換えることもできます。

■酷い言葉を婉曲に変換する方法

□世間知らず↓お嬢様育ち

「お嬢様育ち」は、世の中の事情にうとい女性を表す言葉。皮肉まじりの言葉ながら、それでも一応は「お嬢様」扱いしているわけで、「世間知らず」というよりは婉曲な表現になります。一方、男性の場合は、「お坊ちゃん育ち」となるわけですが、こちらは「お嬢様育ち」よりも皮肉と感じる人が多いと思われるので、使用を避けたほうがいいでしょう。

□出来の悪い娘↓ふつつかな娘

「ふつつかな娘」は、自分の娘を謙遜して表すときの定番句。「ふつつかな娘ではございますが」など。一方、出来の悪い息子は「不肖の息子」と表現するのが、お約束です。

□自分勝手↓恣意的《しい》

「恣意的」を辞書で引くと、「気ままで自分勝手なさま」という意味が出てきます。つまり、相手のことを「恣意的」というのは「勝手気まま」というのと変わりはないのですが、自分勝手と言うより、「恣意的に過ぎるんじゃないでしょうか」と言ったほうが婉曲に聞こえるもの。

□下品↓はしたない

人を注意するとき、欠点をあからさまに指摘すると、強い反発を招きがち。たとえば、「下品な真似はよしなさい」は、「はしたない真似はよしなさい」と言い換えたほうが、まだしも相手の耳に届きやすくなるはず。

□不真面目↓不誠実

相手にクレームをつけるときには、「不誠実な態度」や「不誠実な対応」がよく使われています。「いささか不誠実な対応といわざるをえませんね」のように。

□猿知恵↓浅知恵

悪口をいうにしても、「猿」のつく言葉は避けるのが賢明。使うと、相手の気持ちを深く傷つけ、関係修復不可能という事態にもなりかねません。「猿知恵」は「浅知恵」、「猿真似」は「物真似」、「猿芝居」は「三文芝居」と言い換えるのが妥当です。

□自慢たらしい↓自慢げ

「〜たらしい」は、批判的なニュアンスをつくる接尾語。「自慢たらしい」ではなく、「自慢げ」ぐらいにとどめたほうが、まだしも人間関係にひびは入らないでしょう。

□ケチ↓倹約家

「ケチ」というと悪口ですが、「倹約家」や「節約家」を選ぶと、ほめ言葉にもなります。「しぶちん」や「しみったれ」も、同様に言い換えられます。

□風変わり↓型破り

「風変わり」は、行動や好みが変わっているさまで、若干ネガティブなニュアンスを含む言葉。一方、「型破り」は、常識的な型や枠にはまらないことで、「新しい」「豪快」といったポジティブな意味を含みます。人に対しては「型破り」を使ったほうがいいでしょう。

□腰抜け↓ふがいない

「腰抜け」というと、相当な悪口になってしまいます。相手の耳に届くと、かなりの怒りを買いかねません。批判するときでも、「ふがいない」や「苛立たしい」など、〝口撃レベル〟の低い言葉を選ぶのが大人の物言い。

特集3

よく言えば格調高く、悪く言えば難しく言い換える

この特集には、ポジティブにいえば「軽い言葉を重々しく言い換える」、ネガティブにいえば「普通の言葉を役所言葉のように言い換える」語彙を集めてみました。

言葉は、時と場合によって選び分けるもの。この特集で紹介する言葉は、どちらが正解で、どちらが間違いというわけではありません。そのため、この特集の「矢印」は両方向を向いています。矢印の上下、どちらの言葉も知っていてこそ、使いこなせてこその「大人の語彙力」といえます。

日本語は重くも軽くもできる①

□誤謬《ごびゅう》⟷誤り

「誤謬」は、誤り、間違いのこと。「謬り」も「誤り」と同様、「あやまり」と訓読みします。「なんらかの誤謬かあったと存じます」、「合成の誤謬」(経済用語)などと使う熟語。

□所存⟷考え、つもり

「所存」は、心の中で考えていることで、おもに決意表明や文章で使います。「～する所存です」が定番の使い方で、「善処する所存です」、「辞任する所存です」といった使われ方をしています。

□当該《とうがい》↔その、この

「当該」は、本来は「それにあてはまる」という意味の言葉。ところが、仕事語、お役所言葉としては、「その」や「この」のような指示代名詞がわりに使われています。「当該の一件に関しましては」というと、「この一件に関しては」という意味。

□逐次《ちくじ》↔順を追って

「逐う」で「おう」と読み、「逐次」は「順を追って」という意味。「逐次、取り組みます」、「逐次、ご報告いたします」などと使います。

□適宜《てきぎ》↔適切に、状況に応じて

「適宜」は、状況に合っているさま。「適宜、対処するものとする」、「適宜、処理するものとする」などが、お役所言葉としては定番の使い方です。

□尚早↔まだ早すぎる

「尚早」は、時期がまだ早すぎることで、「時期尚早」や「尚早に過ぎる」などと使います。なお、「じきしょうそう」は発音しにくく、「時期早尚」と誤りやすいので、ご注意のほど。

□微意《びい》↔（私の）気持ち

自分の気持ちのことは、文章では謙

遜の意味を込めて「微意」と言い換えることができ、「感謝の微意を表させていただきます」などと使います。一方、相手の気持ちは、会話では「お気持ち」「お心遣い」「ご配慮」など。文章では「ご厚情」「ご高配」「ご芳志」などがよく使われています。

■日本語は重くも軽くもできる②

□**現下の↔今の、現在の、最近の**

「現下の」は「今の」を重々しく言い換える言葉です。「現下の情勢においては、いたし方ありません」など。

□**従前《じゅうぜん》の↔これまでの**

「従り」で「より」と読み、「従前」は今より前という意味。「従前の方法では」、「従前の通り」などと使います。

□**所定の↔決められた、定められた**

「所定」は、お役所言葉の代表格。「所定の規則に則り」や「所定の席につく」のように使います。

□**諸般の↔いろいろな**

「諸般の情勢に鑑みて、善処したいと存じます」といえば、どういう場合にどうするのか、具体的なことは何も述べずに、とりあえずその場をしのぐ国会答弁の代表格。

□速《すみ》やかに←→すぐに、早く

「速やか」は、時間をかけずに、すぐにという意味。ただし、役所が「速やかに対処する」という場合は、具体的な期限を切っていないわけで、事実上「いつになるかわからないが」という意味になります。

□する旨《むね》←→するので

この「旨」は、趣旨という意味で、「○○する旨、申し伝えます」などと使う言葉。また、「旨」には、第一の目的という別の意味もあり、「質素を旨とする」などは、こちらの意味で使われています。

□若干の点←→いくつかの点

「若干」は、さほど多くはない数を表す言葉。「若干の点について、意見の違いが残っていますが」や「若干名募集」のように使います。なお、20歳を表す「弱冠」とは違う言葉なので、混同しないように。

□数次にわたって←→数回にわたって、何回も

「数次」の「次」は、「つぎ」という意味ではなく、回数を数える接尾語。「数次にわたって試みたものの～」などと

使います。数字に続けることもでき、「三次にわたって試みたものの～」は「3回トライしましたが」という意味。

■日本語は重くも軽くもできる③

□多大なる↔多くの

「多大」はスピーチなどで多用される言葉。「みなさまの多大なるご支援には、感謝の言葉もございません」、「ご尽力のおかげで、多大な成果をあげることができました」などと使います。

□に照らして↔と比べて

「照らす」には、照らし合わせる、見比べるという意味があります。たとえば、「先例に照らして考える」は、先例と比べて整合性はとれているかと考えるという意味。ただし、お役所言葉として使われる場合、その真意は、おおむねの場合、前例を踏襲することにあるようですが。

□いささかも↔少しも

「いささかも」は、「ない」などの否定語を伴って、「少しも～ない」という意味をつくります。漢字では「些かも」と書き、「些かも恥じることはない」などと使います。

□**ご案内のとおり⟷ご存じのとおり**

「案内」はふつうは「館内を案内する」などと使いますが、見出し語の場合は、事情をすでに知っているという意味。「みなさん、ご案内のとおり」、「すでに、ご案内のとおり」などと使います。

□**なにとぞ⟷どうか**

「なにとぞ」は、漢字では「何卒」と書き、強く願う気持ちを表す言葉。「なにとぞ、ご容赦ください」、「なにとぞ、よろしくお願いします」などと使います。

□**甚《はなは》だ⟷ひじょうに、大変**

「甚だ」は、程度が著しいことを表す副詞。「甚だ遺憾に存じます」は、謝罪の定番フレーズ。「甚だ迷惑しております」は、クレームをつけるときの定番句です。

□**遅々として⟷なかなか、遅れていて**

「遅々」は、物事がはかどらないさま。「遅々として進まないのが現状です」などと使われています。

□**念頭に置いて⟷を考慮して**

「念頭」は、胸の内、思いのこと。もっぱら「念頭に置く」の形で、「ご指摘を念頭において」などと使います。

□とみに↔急に、にわかに

漢字では「頓に」と書き、「急に」「にわかに」という意味。薬の「頓服」は、にわかに効くので、この漢字を使います。また、「とみに」には、しきりにという意味もあり、「近年とみに」という場合は、こちらの意味で使われています。

□時より↔時から

「2時から始めます」というよりも、「2時より始めます」といったほうが、よくいえば格調高く、悪くいえば形式張って聞こえるもの。式典や公式会議などには、「〜時より」というほうがよく似合います。

□すら↔さえ

「すら」は、係助詞と呼ばれるタイプの助詞で、極端な状態を表します。「口すらきかなくなる」、「小銭すらなくなる」などと使い、「さえ」に言い換えることができます。

□衷心《ちゅうしん》より↔心より

「衷心」は、心、真心という意味。「衷心より感謝いたします」や「衷心よりお悔やみ申し上げます」のように使います。

■「動詞」を重くする、軽くする

□資《し》する←→役立てる

「資する」は、「役立てる」や「助ける」という意味。「公益に資する」、「地域の発展に資する」などと使います。

□するものとする←→する、します

「するものとする」は、決まったことを重々しく表す言葉で、「協議するものとする」、「決定するものとする」などと使います。要するに、「する」と同じ意味。

□散見される←→目につく、見受けられる

「散見」は、あちこちに見えることで、「散見される」の形でよく使います。「いまだ○○が散見される次第です」のように。

□堅持する←→守る

「堅持」は、考え方や態度を貫き、妥協しないこと。「自説を堅持する」、「既定の方針を堅持する」などと使います。

□抵触する←→触れる

「抵触」は「触れる」という意味で、

おもに法やルールに触れるときに使います。「法令に抵触する行為」のように。

□留意する←→注意する、気をつける

「留意」は、ある事柄を気にとめて、注意することで、大人社会では、「注意する」の代わりに使われている言葉。「コンプライアンスに留意する」、「ご留意願いたい」のように。

□励行する←→行う

「励行」は、決めたことをその通りに実行すること。「手洗いを励行するように」などと使われます。

□勘案する←→考える

「勘案」は、さまざまな要素を考え合わせることで、「諸般の情勢を勘案し～」などと使います。なお、「勘える」も「案える」も「かんがえる」と訓読みします。

□喚起する←→呼びおこす、呼びかける

「喚起する」は呼び起こすことで、「注意を喚起する」、「世論を喚起する」などと使います。

□寄与する←→役立つ、貢献する

「寄与」は、役立つこと。たとえば、

人をほめるときには、「○○さんの力は、まさしく本プロジェクトの成功に、寄与するところ大でありました」などと使います。

□周知する←→広く知らせる

「周く」で「あまねく」と読み、「周知する」は広く知らせること。なお、同じ読み方の「衆知」は、多くの人々の知恵のこと。こちらは「衆知を集める」などと使う、まったく別の言葉です。

□遵守《じゅんしゅ》する←→守る

「遵守」は、法律や規則をよく守ること。「遵う」で「したがう」と訓読みし、「法令遵守」などと使います。「順守」とも書きます。

□看過する←→見過ごす

「看る」で「みる」と読み、「看過」は見過ごすこと。大目に見るというニュアンスを含みます。「看過するわけにはいかない事態」のように、「看過できない」という否定形で使うことが多い言葉です。

□期する←→目指す

この「期する」は、前もって決心するという意味で、「必勝を期する」「期するところ大」などと使います。また、「明日を期して決行する」など、期限として定めるという意味でも使います。

□所掌《しょしょう》する↔担当する

「所掌する」は、つかさどることで、平たくいえば「担当する」。「本件を所掌する部署」や「私が所掌する案件」のように用います。

□合意をみる↔○合意する

この「みる」は、「至る」という意味で、「合意をみる」「結論をみる」などと使います。「今回、合意をみた件に関しましては」のように。

□成案を得る↔案ができる

「成案」は、本来はできあがった文章や案のことですが、現代のビジネス社会では、交渉事の「合意案」という意味で使われています。合意案ができたあとは、「成案を得るに至ったことは、誠によろこばしく」などと挨拶するもの。「いまだ成案を得ず」は、成句に近い定番の使い方。

□伏せる↔隠す

「伏せる」は多義的な言葉である分、「隠す」というよりは婉曲な表現になります。「しばらく伏せておきましょう」というと、「しばらく隠しておきましょう」というよりは、〝悪事感〟が消えて、大人の配慮による判断であるように聞こえるもの。

□馳《は》せ参じる←→駆けつける

「馳せ参じる」は、大急ぎで駆けつけることで、鎌倉武士が戦いの場に駆けつけるようなニュアンスがある複合動詞。今の大人社会では、「お招きにあずかり、馳せ参じてまいりました」など、目上に対して冗談めかした謙譲表現として使われることが多い言葉です。

■文語っぽく言い換えられますか

□いかなる←→どのような

「いかなる」。「如何なる」は、漢字で書くと「如何なる」。「如何なる場合においても」「如何なる困難があろうとも」のように使い、「どのような」よりも、ニュアンスを強めることができます。

□のみならず←→だけでなく

「のみならず」は、「小社のみならず、業界全体にとっても」などと使う言葉。接続詞としても、「雨が降り、のみならず風も吹きはじめた」のように使います。

□しかるべく←→適切に、状況に応じて

「しかるべく」は、文法的にいうと、古語の形容詞「然る可し」の連用形。「適当なやり方で」という意味で、「しかるべく処置いたします」などと使います。

□図るべく←→するように

「図る」は、もくろむという意味で、「図るべく」は「～となるように」という意味。「円滑化を図るべく」「効率化を図るべく」など、仕事語としては「○○化」とセットで、よく使われています。

□なきよう←→ないよう

「なきよう」は、文語的な表現が生き残った形。「遺漏なきよう」「怠りなきよう」など、言葉を荘重にする効果があります。

□遅滞なく←→遅れないよう

「遅滞」は、滞ること。「遅滞なく」は、それがないので、順調にという意味になり、「遅滞なく進んでおります」などと使います。なお、「遅怠」と書くと、怠けて遅れるという批判的なニュアンスを含む言葉になります。

□遺憾なきよう←→心残りのないよう

「遺憾に思います」でおなじみの「遺憾」は、残念や心残りのこと。「遺憾なきよう」は、心残りのないように、という意で、実質的には「適切に」という意味。「遺憾なきよう、お願い申し上げます」のように使います。

□に係る←→に関する、についての

「かかる」にはいろいろな書き方がありますが、「係る」と書くと「関係する」「関する」という意味になります。たとえば、「本件に係る」は、「この件に関する」という意味。

□かかる←→このような

また、「かかる」には「斯かる」と書く連体詞もあります。こちらは「このような」や「こうした」という意味で、「かかる事態に至っては」、「かかる失態を演じるとは」などと使う語。

□ごとき←→のような

「～のごとき」は「～のような」を文語的にいう言葉。「私ごとき者が、お招きにあずかるとは」というと、謙譲表現になります。なお、「私ごときような者が」という人がいるが、これは、文語的な「ごとき」と口語の「よ

うな」を両方使った妙な言い回し。

□にて←→で

「にて」は文語の格助詞で、口語の「で」に当たります。場所を示すことが多く、「講堂にて開催します」など、〝ハレ〟の場に対して使うのがふさわしい助詞といえます。逆に、「いつもの居酒屋にて」などというのは、場所と助詞がミスマッチ。

□出方いかんで←→出方しだいで

「出方いかん」は、漢字で「出方如何」と書きます。この「如何」は、「しだい」と言い換えることができます。

第7章

会話の質を上げるには、基本語のアップグレードが欠かせません

1 動詞はこんな風に言い換える

■基本動詞を格調高く言い換える①

□読む→繙《ひもと》く

とりわけ、古典は「読む」ではなく、「繙く」と続けたいもの。「繙く」は、書物の帙《ちつ》の〝紐を解く〟という意味で、「帙」は書籍を包む厚紙や布製の覆いのことです。

□話す→語らう

「話す」や「語る」は、ときには「語らう」に言い換えると、語彙力を感じさせる表現になります。「語らう」は、単に話し合うことではなく、打ち解けた雰囲気のなか、思いを述べ合うという意味。「家族との語らい」、「将来の夢をともに語らう」などと使います。

□書く↓認《したた》める

いろいろな文章のなかでも、手紙は「認める」と続けたいもの。また、「書きはじめる」ことは「筆を執《と》る」と言い換えると、格調が高くなります。

□考える↓慮《おもんぱか》る、鑑《かんが》みる

「考える」は、さまざまに言い換えることができます。相手の気持ちを考えるのは「慮る」、事情を考慮するのは「鑑みる」というように。ほかに、「思案する」、「推し量る」、「思いやる」など、この言葉の選び方は語彙力の見せどころ。

□なくなる↓尽きる

「なくなる」は「尽きる」に言い換えると、窮状をリアルに表すことができます。

「食糧が尽きる」、「資金が尽きる」のように。また、熟語を使って「払底する」と言い換えることもできます。

□確かめる↓見定める

真偽や信憑性をめぐる会話では、「見定める」を使うと、重々しく表現できます。「そのあたりは、真偽をよく見定めませんと」のように。

□あきらめる↓観念する

重大な事態に至って、ついにあきらめるような場合は、「観念する」がよく似合います。「もはやこれまでと観念する」など。「断念する」という言い方もあります。

□かわいがる↓いつくしむ

「いつくしむ」（慈しむ）は、「好きな大和言葉は？」というアンケート調査では、かならず上位にくる好感度の高い言葉。「いとおしむ」と言い換えることもできます。

□妊娠する↓身ごもる

「娘が妊娠しましてね」は、ストレートすぎる表現。「身ごもる」を使って、「娘が二人目の子を身ごもりましてね」などというと、大人の会話にふさわしいフレーズになります。

□照れる↓気恥ずかしい

人からほめられたときは、「少し照れますね」と応じるよりは、「ご勘弁ください。いささか気恥ずかしく思います」というほうが、大人の会話にふさわしい言葉になります。

□かちんとくる↓腹に据えかねる

「かちんとくる」は、相手の言葉などが怒りを誘うさまを、擬態語的に表した言葉。「腹に据えかねる」や「怒り心頭に発する」を使ったほうが、言葉の格調は高くなります。「かっかする」や「頭に来る」も同様に言い換えられます。

■基本動詞を格調高く言い換える②

□迷う→ためらう

「迷う」よりも、「ためらう」のほうが、やや大人度が高く聞こえます。また、熟語を使って「逡巡する」や「躊躇《ちゅうちょ》する」と言い換えることもできます。

□叱る→諭《さと》す

「諭す」には、言い聞かせ、教え導くというニュアンスがあります。「説教する」も「諭す」に言い換えることができます。

□匂う→香る

文章では、悪臭がするときは「臭う」、いいにおいがするときは「匂う」と書き分けます。いい匂いの場合は、ときには「香る」や「薫る」を使うと、語彙の豊富さを感じさせることができます。

□熱くなる↓高ぶる

「熱くなる」は、「感情的になる」や「気分が高揚する」という意味で使われている言葉。ただし、まだ俗語の域を出ていないので、「(感情が)高ぶる」や「我を忘れる」などに言い換えるのが得策。

□怒る↓立腹する、憤慨する

感情がからむ言葉は、熟語を使うほうが格調が高くなり、かつ婉曲にもなるもの。また、敬語化する場合も、「怒られていましたよ」はこなれない敬語ですが、熟語を使うと、「憤慨されていましたよ」と、すんなり敬語化できます。

□誘《さそ》う↓いざなう

「いざなう」は、「誘う」の格調を高めた言い換え。「展覧会へいざなう」などと使います。なお、「いざなう」も漢字では「誘う」と書きます。

□裏切る↓内通する、内応する

相手の人格に関わることについて話すときは、慎重に言葉を選びたいもの。「内通する」も「内応する」も、ひそかに敵方について味方を裏切ることではありますが、「裏切る」という露骨な言葉を使うよりはマシ。「どうやら、内通する者がいるようですね」などと用います。

□草を食べる↓草を食む《は》

「牛が草を食べている」というのは、いささか幼稚な表現。「草」には「食む」という動詞がよく似合います。「牛が穏やかに草を食んでいる」のように。

□弱点を強化する↓弱点を克服する

「弱点を強化する」は違和感のある言葉。「弱点をより強める」という意味にもとれるためでしょう。「弱点を克服する」といえば、そうした違和感は生じないはず。

■俗っぽい動詞を言い換える

□むかつく↓むしゃくしゃする、むかむかする

「むかつく」は若者が濫用する言葉であり、大人が使うとみっともない言葉。せめて「むしゃくしゃする」か「むかむかする」に言い換えたいものです。「怒りが治まらない」、「腹の虫が治まらない」、「中っ腹」などを選ぶと、「むかつく！」と言うよりは、語彙力があるようにみえるはず。

□駄弁る↓雑談する

「駄弁る」は、明治時代の学生が使いはじめた言葉。「駄弁」（無駄なおしゃべり）を動詞化した言葉ですが、１世紀を経てなお、俗語の域を出ていないようです。大人の会話では、「雑談する」か「おしゃべりする」に言い換えるのが妥当なところ。

□塗りたくる↓塗り立てる

「塗りたくる」は、「たくる」という語尾の品がよくないうえ、意味もべたべたと塗るというネガティブなもの。「お白粉を塗りたくる」などというと、悪口にもなってしまいます。単に「塗る」か「塗り立てる」、あるいは「塗りつける」に言い換えたほうがいいでしょう。

□目が点になる↓目を丸くする

「目が点になる」は、流行語の中では〝古語〟の部類。軽薄かつ流行遅れという〝二重苦〟を背負った言葉であり、今どきこんな言葉を使う必要はないでしょう。

□おちょくる↓からかう

「おちょくる」は、語感が軽すぎるため、大人同士の会話では使えない言葉。「からかう」や「ひやかす」、あるいは「揶揄《やゆ》する」に言い換えることができます。「おちゃらかす」も、「ひやかす」か「茶化す」に言い換えるといいでしょう。

□ヘマをする→失態を演じる、不始末を起こす

「失敗する」という意味の俗語は、「やらかす」や「ヘマをする」など多数ありますが、それらの言葉を謝罪用に使ったりしないように。「今回はヘマをしまして」、「やらかしまして」、「とんだヘマをいたしまして」などと口にすると、さらなる怒りを買いかねません（P268参照）。

□へばる→疲れる

「へばる」、「へたばる」、「ばてる」、「くたばる」などは俗語の部類であり、いずれも大人の会話では使えない言葉。「へばられましたか」などと、敬語化するのもミスマッチです。「疲れる」を使い、「お疲れになりましたか」と尋ねるのが、大人の口の利き方。

□ぱくつく→食べる

「食べる」ことに関しても、さまざまな俗っぽい表現があります。「ぱくつく」や「がっつく」は、仲間内では使えても、あらたまった席では使えない言葉です。

□かっぱらう↓掠《かす》める

これも、品を落としがちな音変化（音便化）がからむ言葉。「かっぱらう」は「掻き払う」が音変化した言葉であり、その分、俗語的に響きます。「掠める」に言い換えたほうがいいでしょう。

□ほっぽっておく↓放っておく、捨て置く

「ほっぽっておく」も音変化した言葉。「放っておく」「捨て置く」「放置しておく」などを選びたいところ。

□ぐっと来る↓感極《きわ》まる

「ぐっと来る」は、心に強い衝撃を受けるさま。「感極まる」や「感動する」といったほうが格調高くなります。「じんと来る」も、同様に言い換えることができます。

□ばれる↓発覚する、露見する
秘密や嘘、悪事などが明らかになることは、「発覚する」や「露見する」と表現したほうが大人っぽく聞こえます。

□シラける↓興ざめする
「ちょっとシラけましたねぇ」は、「いささか興ざめですねぇ」と言い換えることができます。「興が削がれる」を選んでもＯＫです。

□いらつく↓苛立つ
「いらつく」は、焦っていらいらするさま。こういう俗語的な動詞は、敬語にもしにくいもの。「いらつかれてたようですよ」よりは、「苛立たれていたようですよ」のほうが、敬語としてこなれています。

□ばらまく↓ふりまく
「ばらまく」は、「税金をばらまく」など、ネガティブな意味に使われることが多い言葉。「まき散らす」も似たようなもので、それらに比べると、「ふりまく」のほうが、まだしも上品。たとえば、「匂いをまき散らす」は「香りをふりまく」に言い換えることができます。

□へこたれる→挫《くじ》ける、屈する

「へこたれる」は、気持ちが折れて力がなくなるさま。「挫ける」や「屈する」に言い換えることができます。

2　モノの「性質」「状態」をどう表現する？

■形容する言葉の〝大人度〟を上げる①

□うれしい↓喜ばしい

「喜ばしい」を使うと、「うれしく思います」を「喜ばしい限りです」や「これほど喜ばしいことはありません」のような、大人のフレーズに言い換えることができます。

□ちょうどいい↓ほどよい

「ほどよい」は、程度や都合のよさを表す形容詞。「ほどよい湯加減でございました」、「ほどよく煮えたところで」などと使うと、言葉の大人度を〝ほどよく〟上げることができます。

□すごい↓著しい

なんでもかんでも「すごい」と形容するのは、すべてを「カワイイ」と表すのと、さして変わりません。「すごい」をどのように言い換えるかは、大人の語彙力の見せどころともいえます。「すばらしい」、「すさまじい」、「甚大」、「あっぱれ」、「ひじょうに」、「たいへん」など、場合に応じてさまざまに言い換えたい言葉です。

□照れくさい↓面映《おもは》ゆい

「面映ゆい」は、もとは「顔を合わせるのが、目映《まばゆ》いように思われる」という意味の形容詞。そこから、照れくさい、決まりが悪い、こそばゆい、恥ずかしいといった意味が生じました。これらの言葉は、すべて「面映ゆい」という美しい大和言葉に言い換えることができます。

□しかたがない↓いたし方ない

「いたし方」は、「しかた」を謙譲化した言葉。大人社会では、「不本意ながら、いたし方ないところです」、「いたし方ありませんねぇ」などと言い合いながら、嘆息するもの。

□気持ちがいい↓清々《すがすが》しい

「清々しい」は、大和の国が始まったころからある大和言葉。『古事記』にも登場します。「気持ちがいい」、「気分がいい」、「さわやか」、「あっさりしている」などの言い換えに使うことができます。

□情けない↓嘆かわしい

相手を批判・否定するときでも、大人なら否定度の低い形容詞を選びたいもの。「情けない」はかなり否定度の高い形容詞ですが、「嘆かわしい」に言い換えると、否定レベルを下げ、言葉としても品がよくなります。

□**仲がいい→仲睦《なかむつ》まじい**

とりわけ、夫婦仲のよさを表すときには、「仲睦まじい」という形容詞を使うと、しっくりきます。「仲睦まじいご夫婦で、うらやましい限りです」など。

□**どうしようもない→手に負えない**

「どうしようもない」は、ケースによって、「始末に負えない」、「扱いに困る」、「持て余す」などにも言い換えることができます。

□**仲が悪い→確執、反目、不和**

「仲が悪い」を大人語に言い換えると、「確執がある」「反目している」「不和な状態にある」など。

□**みっともない→見苦しい**

「みっともない態度」や「みっともない真似」は、「見苦しい態度」や「見苦しい真似」と言い換えたほうが、大人度がアップします。「醜い」も「見苦しい」に言い換えたほうがいいでしょう。

■形容する言葉の〝大人度〟を上げる②

□まだろっこしい↓歯がゆい

「歯がゆい」は、思いどおりにならなくて、もどかしいさま。「まだろっこしい」は相手のとろさ、遅さへの非難を含みますが、「歯がゆい」は自分の感情の状態を中心におく言葉なので、非難のニュアンスは薄まります。「じれったい」も、「歯がゆい」に言い換えられます。

□せわしない↓慌《あわ》ただしい

「せわしない」も「慌ただしい」も、ともに用事が多く、落ちつかないさまを表す形容詞ですが、「毎日せわしなく過ごしております」というよりは、「毎日慌ただしく過ごしております」といったほうが、多少は品よく聞こえます。

□感じやすい→多感な

「感じやすい」は、性的に感じやすいことにも使われる形容詞。そこで、たとえば「感じやすい年頃」は、「多感な年頃ですからねぇ」のように言い換えたほうが、妙な誤解を招きません。

□だるい→気《け》だるい

「だるい」は、若者が「だりぃ〜」などと使う言葉。それに「気」をつけて「気だるい」と言い換えるだけで、大人の言葉になります。

□軽率な→慎重さを欠く

「軽率」「軽はずみ」「軽々しい」といった「軽」のつく言葉を、人に対して使うと、相手の人格や感情を傷つけがち。「軽率な行動」や「軽はずみな振る舞い」と言いたいところでも、「慎重さを欠く行動」などに言い換えるのが大人のものの言い方です。「そそっかしい」も、同様に言い換えられます。

□はっきりしない↓判然としない

たとえば、相手の説明が要領を得ないときには、次のように言うと、角を立てずに、相手の言葉の不備を指摘することができます。「今のご説明では、判然としない点もございます」。

□愚にもつかない↓考えが足りない

「愚劣」「愚鈍」「愚の骨頂」など、「愚」のつく言葉を人に対して使うのは、さすがに失礼。「愚にもつかないアイデア」と言いたいところでも、「いささか考えが足りないアイデア」程度にとどめるのが、大人の物言いです。

□図々しい↓臆面《おくめん》もない

「臆面」は、気後れした顔つきのこと。それが「ない」のだから、「臆面もない」は遠慮なく、図々しいという意味になります。「厚かましい」や「ふてぶてしい」も、「臆面もない」に言い換えられます。

□汚ならしい↓清潔ではない

「汚らしい」（きたならしい）は、語感がいかにも不潔。「汚れている」のほうがまだマシですが、「汚い」を含む言葉は避け、「清潔でない」に言い換えたほうが、日本語としては〝清潔〟といえます。「薄汚い」や「小汚い」も、同様に言い換えられます。

□面倒くさい↓わずらわしい

「わずらわしい」（煩わしい）は、悩まされることが多く、気が重いさま。「面倒くさい」は、おおむねこの言葉に言い換えられます。熟語の「煩雑」に言い換えられる場合もあります。

□田舎臭い↓ローカルな

「田舎臭い」「田舎じみた」「田舎っぽい」といった言葉を使うと、かなり失礼な物言いになってしまいます。そこで、英語の「ローカル」に言い換えると、ネガティブなニュアンスを薄めることができます。「垢抜けない」と言い換えることも可能です。

■語彙力のある人は、こういう形容ができる①

□いいかげん↓なおざり

「なおざり」（等閑）は、いいかげんなさま、本気でないさま。さらに、同様の意味の「おろそかにする」や「ゆるがせにする」を使いこなせると、語彙力があるようにみえるもの。

□ちゃんちゃらおかしい↓笑止千万

「ちゃんちゃらおかしい」は、俗語にすぎるので、「笑止千万」に言い換えたいもの。「噴飯物《ふんぱんもの》」（おかしくてたまらないこと）という言葉もあります。

□芸がない↓光るところがない

「芸がない」というと、いかにも工夫が足りず、つまらないという意味になってしまいます。それを婉曲に表現すると、「光るところがない」。また、ニュアンスは多少変わりますが、「曲《きょく》がない」や「花がない」とも言い換えられます。

□貧弱な↓お寒い

「お寒いかぎり」は、「劣悪」や「貧弱」などを婉曲に言い換える大人語です。「見かけは立派なのですが、内情はまったくもってお寒いかぎりで……」などと使います。

□だんだん↓徐々に

「だんだん」は、語感がやや幼稚な副詞なので、あらたまった会話や文章には不向き。「徐々に」「次第に」や「おいおい」に言い換えたほうがいいでしょう。

□わけがわからない↓理解を絶する

相手の言動などに対して、「わけがわからない」というと、原因はすべて相手側という意味になりますが、「理解を絶する」というと、形の上では、自分の理解力不足を原因にしているので、その分、婉曲な表現になります。「理解に苦しむ」も同様に婉曲に表現できる言葉です。

□だいたい↓総じて

「だいたい」や「たいてい」を大人語に言い換えると、「総じて」になります。「総じて出来がいい」などと使います。あるいは「おおむね」に言い換えても、言葉の格調を高くできます。「おおむね順調です」「おおむね予定どおりです」など。

□ぺらぺら↓滔々《とうとう》と

「ぺらぺら」は、よくしゃべるさまを表す擬態語ですが、多分に批判的なニュアンスを含んでいる言葉。「滔々としゃべる」も、嫌味に聞こえることはありますが、少なくとも「ぺらぺら」よりは格調高く聞こえます。

□せっかちな↓性急な

「せっかちな」「性急な」は、ともに、先を急いで、ゆとりを持てないさま。日常会話では「せっかちな」でOKですが、あらたまった会話には「性急」のほうが似合います。「それは、いささか性急なお話ではないかと」など。

□あくせくと→営々と

「あくせくと」「営々と」は、ともに休む間もなく行うさまを表す言葉ですが、「あくせく働く」というと「せかせかと仕事をする」という否定的な意味合いを含みます。一方、「営々と働く」といえば、勤勉に励むというニュアンスになります。

■語彙力のある人は、こういう形容ができる②

□おおっぴらに→公になる

「おおっぴらに」は、「おおびら」が促音化した言葉。これまで述べてきたように、促音化すると俗語的になることが多く、この言葉も例外ではありません。「公に」「公然と」や「オープンに」に言い換えたほうがいいでしょう。

□しこたま↓山ほど

「しこたま」は、数量が多いさまを表す副詞。「しこたま稼ぐ」「しこたま貯めこむ」のように、悪意を含む場合があるので、「たくさん」や「多い」に言い換えたほうが角が立ちません。また、「山ほど」や「おびただしく」に言い換えることもできます。

□ひょろひょろ↓ほっそり

「ひょろひょろ」は、細長くて弱々しげなさま。人の体つきに関して使うと悪口になるので、「ひょろひょろの体」は「ほっそりした体」と言い換えたいところ。

□続けざま↓立て続け

「続けざま」などの「ざま」は「さま」が濁音化した接尾語。「ざまを見ろ」という言葉があることもあって、語感がいいとはいえない言葉です。「立て続け」としたほうがいいでしょう。

□ませた、ひねた↓大人びた

「ませた子供」や「ひねた顔」などは、品がないうえ、ストレートすぎる悪口。「大人びた子供」「大人びた口をきく」「大人びた表情」などと言い換えれば、大人語になります。

□うっかりして↓うかつにも

「うっかり」は語感が軽いため、謝罪に使うのは不向きな言葉。一方、「うかつにも」と言い換えると、自分の失態を自責するニュアンスを込めることができます。たとえば「うっかり忘れていまして」ではなく、「うかつにも失念いたしておりまして」というのが大人の物言い。

□ちゃんとした↓まっとうな

「ちゃんとした」は語感が軽いので、「まっとうな」に言い換えるといいでしょう。「まっとうな仕事」、「まっとうな店」、「まっとうなご意見と存じます」のように。

□びくびくもの↓冷や冷やもの

「びくびくもの」、「冷や冷やもの」は、ともに、悪い事態にならないかと不安や恐れを抱いている様子を表す言葉。「びくびくもの」のほうが俗語的で、「冷や冷やもの」のほうが、大人度の高い言葉といえます。「勝つには勝ったのですが、最後まで冷や冷やものでしたよ」などと使います。

■語彙力のある人は、こういう形容ができる③

□何度も↓たびたび

たとえば、「何度も申し訳ありません」は、「たびたび申し訳ありません」と言い変えたほうが、大人度が高くなります。これは、何度も質問したり、何度も電話をかけたりするなど、同じことの繰り返しを謝るフレーズ。

□おっかない↓怖い、恐ろしい

「おっかない」は俗語的で幼稚な感じがするので言い換えたほうがいいでしょう。

「おっかない話ですね」は「おそろしい話ですね」のように。

□露骨な↓あからさまな

「露骨」は、いささか〝露骨な〟表現であり、大和言葉の「あからさま」を使ったほうが、やわらかく表現できます。たとえば、「露骨にいうものではない」は「あからさまにいうものではない」と言い換えられます。なお、「あからさま」を「明からさま」と書くのは間違い。当て字ですが、「白地」と書いて「あからさま」と読みます。

□比べるものがない↓比類ない

「比類」は比べられるもの＝同等のもののことで、それが「ない」のですから、「比べるものがないほど」という意味になります。なお、「比べるものがない」も「比類ない」も、それほどに優れているという意味なので、劣っている場合には使えません。「比類なき傑作」など。

□消極的↓慎ましい

「消極的」というと悪口になりますが、「慎ましい」といえば、ほめ言葉に聞こえます。場合によっては、「遠慮深い」というほめ言葉にも言い換えられます。

□厚ぼったい↓厚手の

「〜ぼったい」は、形容詞について強調する接尾語。俗語的になるため、「厚ぼったい」「腫れぼったい」「安ぼったい」などは、言い換えたほうがいいでしょう。「腫れぼったい」は「かなり腫れている」、「安ぼったい」は「チープ」あたりが適当な表現といえます。

□甘ったるい↓甘い

「〜ったるい」も、形容詞を強調する言い方で、「かったるい」「重ったるい」などと使われています。品のいい表現ではないため、あらたまった席では別の言い方を選んだほうがいいでしょう。

□**憎たらしい↓憎々しい**

「〜たらしい」は、名詞などについて形容詞をつくる接尾語。「厭味ったらしい」「未練たらしい」「貧乏たらしい」「長ったらしい」などと使いますが、上品な言葉にはなりません。目上との会話では、別の言葉を選んだほうがいいでしょう。

3 「成句」を使ってさりげなく教養をアピールする

■一目おかれる人の慣用句・熟語の使い方①

□左うちわ→悠々自適

「左うちわ」は、安楽に暮らすという意味ですが、多少の皮肉がまじる言葉。人に対して使うときは、「左うちわの暮らしのようですよ」というよりも、「悠々自適の暮らしのようですよ」と言い換えたほうがいいでしょう。

□ぴか一→白眉

「ぴか一」は、「多数の中で最も優秀」という意味。ただし、花札賭博に由来する言葉なので、上品とは言いがたい言葉です。『三国志』由来の「白眉」に言い換えたほうが、同じ意味のことを格調高く表現できます。

□皮算用→目算

「皮算用」は、ことわざの「捕らぬ狸の皮算用」に由来し、まだ実現していないのに、計算を立てること。愚かしい行為という意味を含むので、人に対して使うのは失礼になります。自分の推量は「皮算用なのですが」とへりくだり、相手の推量には「目算」を使うのがベター。「確かな目算がおありなようで」のように。

□よく知っている→造詣《ぞうけい》が深い

「造詣が深い」は、学問や芸術に精通していること。「博識」や「幅広い知識を持つ」も、「知っている」の言い換えとして使える言葉。

□出たとこ勝負→ぶっつけ本番

「出たとこ勝負」の語源は、博打で出た賽《さい》の目で勝負を決めること。それもあって、品を感じさせる言葉ではありません。多少意味は異なりますが、言い換えられる場合には「ぶっつけ本番」を使ったほうがいいでしょう。

□聞く価値がある↓傾聴に値する

「傾聴」は、耳を傾けて聞くことで、「傾聴に値する意見」など。ただし、この言葉、聞くに値すると持ち上げていても、「賛成している」という意味ではないので、内心は反対ということもありうる表現。

□抜かりがないように↓遺漏のなきよう

「遺漏」は、注意が足りなくて漏れること。「遺漏のなきよう」は、それがないようにということで、抜かりがないように、という意味になります。「遺漏のなきよう、お願いいたします」など。

□明るい↓天真爛漫な

「天真爛漫」と言い換えると、明るく楽しい性格であることを、よりイメージ豊かに伝えることができます。

□**負けていない↓遜色ない**

「負けていない」を大人っぽく言い換えると、「遜色ない」。「遜色」は「劣っている」ことで、それが「ない」のですから、負けていないという意味になります。

■一目おかれる人の慣用句・熟語の使い方②

□**準備する↓布石を打つ**

「布石を打つ」というと、「準備しておく」ことを格調高く表現できます。なお、「布石」は、囲碁の序盤戦で、要所に打つ石のこと。

□**心配しすぎる↓杞憂**

「杞憂」は、古代中国で、杞の国の人が天が落ちてくることを心配したという故事から生まれた言葉で、取り越し苦労を意味します。「杞憂かもしれませんが」

といえば、「心配しすぎかもしれませんが」というよりも、知的に聞こえます。

□重要な意見→刮目《かつもく》すべき意見

重要であることを強調したいときは、「刮目すべき」を使うと、より強力に表現できます。「刮目」は、目をこすって注目するという意味。

□取り繕う→弥縫策《びほうさく》

「弥縫」は、失敗や欠点を取り繕うこと。「取り繕っても、解決できませんよ」というよりも、「弥縫策では解決できませんよ」といったほうが、大人度の高い表現といえるでしょう。

□面子→沽券《こけん》

「面子に関わる」というよりも、「沽券に関わる」といったほうが、大人度は高くなります。「沽券」は、もとは、土地・家屋の売り渡し証文を意味した言葉。

□ひどく→完膚なきまでに

「完膚なきまでに」は、ひどい状況をより強調できる言葉。「完膚」は傷のない肌のことで、そこから「無傷のところがないほどに、ひどく」という意味になった言葉です。

□たくさんある→枚挙にいとまがない

「枚挙」は一枚一枚数え上げることで、「枚挙にいとまがない」は、たくさんありすぎて、数えきれないさま。「たくさんある」、「ひじょうに多い」を大人度高く、強調できる言葉といえます。なお、この「いとま」は本来は「遑」と書くので、「暇」ではなく、ひらがなで書いたほうがベター。

□うまくいく→功を奏する

「うまくいく」を大人語で表現すると「功を奏する」。「奏功する」という同じ意味の言葉もあります。

□できるだけ早く↓可及的速やかに

「可及的」は「なるべく」「できるだけ」という意味で、もっぱら「可及的速やかに」という形で使います。「なるべく早く終わらせます」というよりも、「可及的速やかに終わらせます」というほうが大人度は高くなりますが、濫用すると、役人の答弁のように聞こえるので注意。

□悪賢い↓老獪な

「老獪な」は、数多くの経験を積み、知恵があること。いい意味でも、悪い意味でも使い、「悪賢い」「得体が知れない」「えげつない」といったニュアンスを渾然一体にして表せる言葉。

□確率が高い↓蓋然《がいぜん》性が高い

「蓋然」は、ある程度、確実であることで、「蓋然性」は「確率」と同様の意味で使われています。「確率が高い」というよりも、「蓋然性が高い」といったほうが、言葉に重量感が加わります。

□見かけ倒し↓羊頭狗肉

「見かけ倒し」を四字熟語で表すと、「羊頭狗肉」となります。看板に羊の頭を掲げながら、実際には狗（犬）の肉を売っていたという話から、見かけと実質が違うという意味で使われる言葉です。

□目糞鼻糞を笑う↓五十歩百歩

「目糞鼻糞」というのは、いかにも下品な表現なので、同様の意味の「五十歩百歩」に言い換えたほうがベター。とりわけ「目糞鼻糞」は字面が汚いので、会話以上に文章では使わないのが賢明。

□豚に真珠↓猫に小判

ともに、価値がわからない者には、貴重なものも意味がないことのたとえ。いずれのことわざも、相手を動物にたとえるわけで、人に対して使うと失礼になります。それでも、豚にたとえるよりは、猫のほうが可愛い分、まだマシでしょう。

□猿も木から落ちる↓弘法にも筆の誤り

ともに、物の上手も、ときには失敗することのたとえ。人に対して使うときは、「猿」ではなく、「弘法大師（空海）」にたとえたほうがいいのは明らか。

□いうまでもない↓論をまたない

「いうまでもない」を格調高く表現すると、「論をまたない」。「〜であることは論をまちません」などの形で使います。なお、この「またない」は本来は「俟たない」と書くので、「待たない」ではなく、「またない」と書くのがお約束。

□嫌な予感がする↓寒心に堪えない

「寒心に堪えない」は、将来を心配するときの常套表現。「嫌な予感がする」を言い換える言葉といえ、「わが社の将来を考えると、寒心に堪えません」などと使います。

Column

ワンパターンな言葉、いくつ言い換えられますか？

「カワイイ！」「スゴイ！」「ムカツク！」など、つい使いがちなワンパターンな言葉。「語彙力」のある大人として、以下のような言い換えも頭に入れておきましょう。

□ムカツク！

頭に来る、頭に血がのぼる、かっとなる、腹が立つ、いまいましい、腸《はらわた》が煮えくり返る、怒りにふるえる、憤る、憤慨する、憤激する

□かわいい！

素敵な、愛くるしい、キュート、可憐、小粋な、しゃれた、可愛らしい、いじらしい、可憐、あどけない、いたいけな

□おいしい！

こくがある、風味がある、まろやか、香ばしい、ジューシー、頬が落ちそう

□キモい！

気持ち悪い、不快な、気にいらない

□びっくりした！

驚く、のけぞる、息を呑む、舌をまく、腰が抜ける、耳を疑う、目をみはる

□すごい！

すさまじい、計り知れない、底知れない、天晴れ、とてつもない、途方もない、桁が違う、尋常でない

□うまい！

鮮やか、達者、玄人はだし、素人離れ

□怖い！

恐ろしい、背筋が寒くなる、身震いする、血の気がひく、身の毛がよだつ

□（人が）キレイ！

魅力的、艶やか、妖艶、楚々とした、清楚な

□ていうか

ところで、さて

□ちょっと

少々、多少、いささか、いくぶん、心持ち、わずか、いくばくか、微々たる

※本書は、「大人の言い換えハンドブック」（小社刊／2018）に新たな情報を加え、改題の上、再編集したものです。

青春文庫

話《はな》す・読《よ》む・書《か》く
1秒《びょう》で語《ご》彙《い》力《りょく》

2019年12月20日　第1刷

編　者　話題《わだい》の達人倶楽部《たつじんくらぶ》

発行者　小澤源太郎

責任編集　株式会社プライム涌光

発行所　株式会社青春出版社

〒162-0056　東京都新宿区若松町 12-1
電話 03-3203-2850（編集部）
03-3207-1916（営業部）
振替番号　00190-7-98602

印刷／大日本印刷
製本／ナショナル製本
ISBN 978-4-413-09738-3

ほんとうのあなたに出逢う ◆ 青春文庫

逆境を生き抜く
「打たれ強さ」の秘密
タフな心をつくるメンタル・トレーニング

ビジネス、スポーツ、人間関係…
あらゆる場面で、人を恐れず
ストレスフリーに生きるために。

岡本正善

(SE-736)

心をピッカピカにする
おそうじ言葉
まず、3日間だけ続けてみてください

人生が輝き出す「おそうじ言葉」と
心をよどませる「散らかし言葉」。
あなたはどちらで生きていきますか?

星まゆ美

(SE-737)

話す・読む・書く
1秒で語彙力

〝その瞬間〟に必要な言葉が降りてくる!
幼稚な日本語を大人の日本語に、日常の言葉を
仕事の言葉に変えるコツを網羅した決定版!

話題の達人倶楽部[編]

(SE-738)

「一生メシが食える子」が育つ
お母さんの60のルール

「答えを出す勉強だけではメシは食えない!」
メディアで人気のカリスマ塾講師が、
お母さんのための60のルールを伝授。

高濱正伸

(SE-739)